正直、仕事のこと考えると憂鬱すぎて眠れない。

リアルすぎる！
仕事の悩み
あるある図鑑

じゅえき太郎

東洋経済新報社

はじめに

「明日も仕事か。行きたくないな……」

僕は布団の中で毎晩そんなことを考えていました。

この本を手にとってくださった人は、多かれ少なかれこんなことを考え眠れぬ夜を過ごしたことがあるのではないでしょうか。

この本は、「そんな小さなことで悩むな！」と言われてもおかしくないようなささいな仕事の悩みとそれを少しでも軽くするための僕なりの解決策を書いています。

僕は今でこそ昆虫の４コマ漫画やイラストをＳＮＳにアップしながらイラストレーターをやっていますが、数年前までは慣れない仕事や職場の雰囲気になじめず、毎日悩んでいました。

僕は偉い経営者でも優秀なビジネスマンでもないので、「３日で結果が出せる仕事術」とか「誰からも好かれる話し方」とかはわかりません。

ただ、この本でちょっとでも笑えて悩みが軽くなり、明日ほんの少しでも仕事に行く元気がわいてくれたら嬉しいです。

じゅえき太郎

働きアリ
巣のそうじや、幼虫の世話
エサ集めをするアリ
働きアリって大変だよな～!!
昆虫
ヤベッカベ!! 図鑑みてないで
働かないと!
じゅえき太郎
当時24才。(正社員)
フォークリフト免許あり。
働きアリとくらべて
ボクってどうなんだろ…
朝から晩まで働いてるけど…
休みはほとんどないし…
でも働かないと
生きていけないし…
あれ?

ボクも…
働きアリ？

もくじ

第1章 仕事より実は職場の人間関係のほうが辛かったりする

「人間関係」あるある

第2章 「お仕事」あるある

これって本当に私の仕事ですか？

第3章 9時5時の生活をしている人って本当にいるの？

「深夜の残業」あるある

第4章 「今って業務時間外ですよね」のひと言が言えない

「仕事時間外」あるある

第6章 好きを仕事にするのと引き替えに払う代償とは

「フリーランス」あるある

第1章

仕事より実は職場の人間関係のほうが辛かったりする

「人間関係」あるある

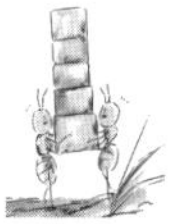

「人間関係」あるある

1

どうしても苦手な人がいる

学校でも、バイトでも、職場でも、どんなところにいっても苦手な人はいます。

・仕事を他人任せにする人
・人の話を聞かずに自分の話ばかりする人
・ちょっとしたことにもすぐ怒鳴る人

など苦手な人のタイプもその理由も様々です。

僕にも苦手な人はいました。僕の場合、相手は高圧的な人で、怒るタイミングが理解できず、職場ではいつもびくびくしていました。

その人のことを「嫌だなー」と思いながら過ごす毎日……。このままではいけないと考えた僕は勇気を振り絞りちょっと強引に話しかけてみることにしました。すると「今こっちやってんだろ！」と怒鳴られ大慌て。

僕はすぐさま席に戻り、心を落ち着かせるために深呼吸。

それから、しばらくはその人に近づかないようにしました。

その数か月後、どうしてもその人に書類をチェックしてもらわなきゃいけないことがありました。

朝から憂鬱な気分でしたが、その人を遠くから観察し完全に手の空くタイミングを見計らいました。そしてパソコンの画面が仕事からニュースサイトに変わった瞬間「確認お願いします！」と言うと、怒鳴られることもなく「はいよ」のひと言だけ。なんならちょっと優しかったのです。

それから、その人のことを観察するようになって気がつきました。

実はその人、午前中の忙しい時間は話しかけられないようバリアをはっていて、それを少しでも破られると烈火のごとく怒るだけだったのです。

それを知ってからは緊急の用件以外は、午後の比較的暇な時間に話しかけるよう心がけました。

バリアを破ることのなくなった僕は「お前、新人で一番話しやすい」と言われるようになり、最終的には忙しい午前中でも怒られることなく対応してもらえるようになりました。

苦手な人がいる場合は、まず距離をとってその相手を観察しましょう。注意深く観察していると相手が今どんな気持ちでいるのかだんだんわかってきます。

そして上機嫌のタイミングでちょっとだけ会話してみましょう。最初の入りが上手くいくと意外とスムーズに話せるようになったりします。

仲良くなりたいからといって急いで無理に距離をつめる必要はありません。じっくり観察することで、コミュニケーションの取り方とタイミングを考えてみましょう。

POINT

苦手な人には不用意に近づかずに観察してみる

「人間関係」あるある

2

どこからが断っていいことなのか区別できない

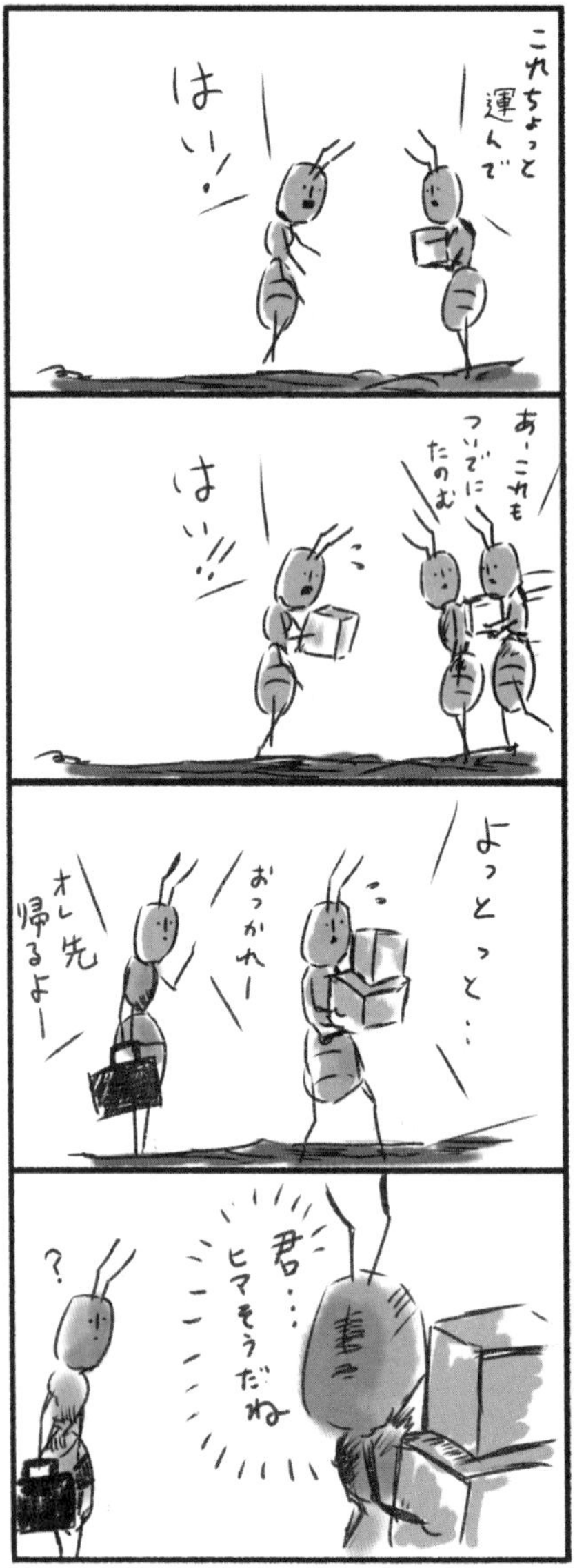

僕のひとつ上の先輩にとても優しい人がいました。

その人は僕やまわりの後輩に対してもつねに笑顔で、仕事のやり方も嫌な顔ひとつせず教えてくれ、僕が最も尊敬する先輩のひとりでした。しかし、意外なことに会社からの評価はよくはありませんでした。最初その理由が理解できませんでした。

半年間働いてわかったのですが、その**先輩は優しく頼みやすい性格のため、まわりに頼まれたことを断ることができず、雑用を大量に任されていた**のです。掃除や書類整理など、本来先輩がやらなくていいことを押し付けられていました。その結果、**自分が本当にやらなくてはいけない仕事に専念することができず、成績が下がり評価を落としていた**のです。

仕事量に比例して残業時間が異常に増えた結果、先輩は仕事を辞めてしまいました。僕は優しい人が損をしたことがものすごく悔しかったのですが、**優しく引き受けすぎるのも危険だ**ということを学びました。

いっぱいいっぱいの時はしっかりと断ることで自分を守ることも大切なのです。

POINT

無理な時は、無理と言うことが大切

「人間関係」あるある

3

職場の雰囲気になじめない

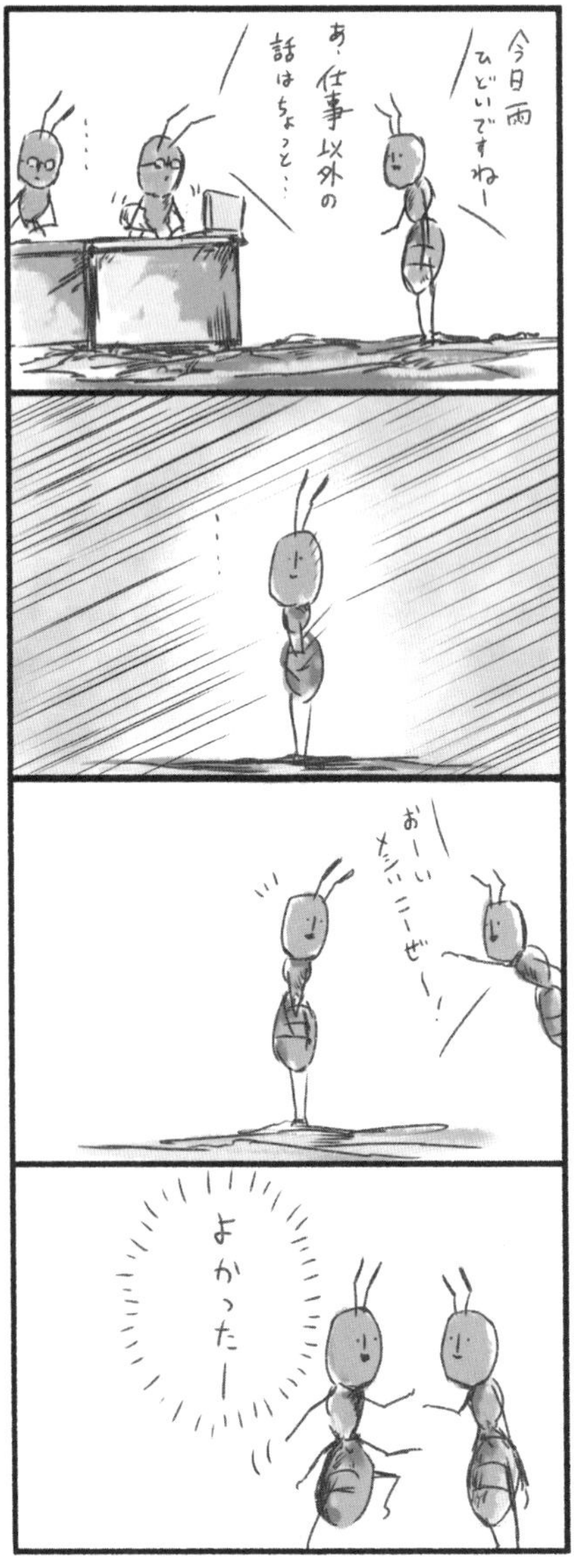

職場の雰囲気というのは、入社して実際に働いてみないとわからないものです。

リクルートサイトでは和気あいあいと書かれていても、実は地獄のようにギスギスしていることもあります。

逆に和気あいあいの度がすぎて、休日も同僚とバーベキューに行くみたいなノリノリな雰囲気も、家の中で虫の絵を描くのが好きな僕のような人間からするとちょっと苦手だったりします。

自分にピッタリの職場に出会うのはなかなか難しく、また**どんなにやりたかった仕事でも職場の雰囲気になじめないと行くのはかなり辛くなってしまいます**。職場の雰囲気は本当に重要です。

リクルートサイトでも「給料・休日日数・残業・手当」に加え「雰囲気」というジャンルを増やしてほしいくらいです。

もし自分とは全く合わない雰囲気の会社を選んでしまった場合は、無理せず転職を考えるのがいいと思います。

ただそんな職場に入ってしまったとしても、自分のまわりだけをましにする方法はあります。

それは、**同じような感性をもった仲間を見つけること**です。

会社全体の雰囲気を変えることはできませんが、仲間を見つけることができれば疎外感が薄れて、働きやすい環境になるのです。

学生時代を振り返っても、クラス内にはいくつかのグループがあったと思います。体育会系のグループや文化系が集まるグループ、ゲーム好きが集まるグループ、虫好きが集まるグループなど様々です。

たとえば、虫好きなグループの僕がたったひとりで体育会系のグループの中でなじもうとしても、なかなかなじめませんよね。

ただひとりでも同じような感性をもった仲間を見つけられたら、2人でグループを作りましょう。そうすれば、ちょっと苦手な体育会系のノリに付き合わされようと、あとで「今日は疲れたね」とか愚痴を言い合える仲間ができ、自分は孤独じゃないという安心感を得ることができるのです。

一方で、**趣味もノリも全く合わない人であっても、仲良くなれることがあります。**

入社当初、僕は性格も趣味も真反対な同期と仲良くなる自信がありませんでした。

しかし、働きはじめて一か月もすると、仕事が過酷すぎたこともあり、職場に対する不満が完全に一致してすぐさま意気投合したのです。

それから一緒にお昼を食べたり帰りながら愚痴を言い合ったりと、いいガス抜き仲間となりました。

おかげで**苦手だった職場も、同じ気持ちの仲間がいるという安心感からか、ずいぶん過ごしやすくなり、なにかあっても仲間と話すことで乗り越えていけました。**

POINT

たったひとりでも同志がいれば辛いことも乗り越えられる

「人間関係」あるある

4

自分よりデキる新人が入ってこないか不安

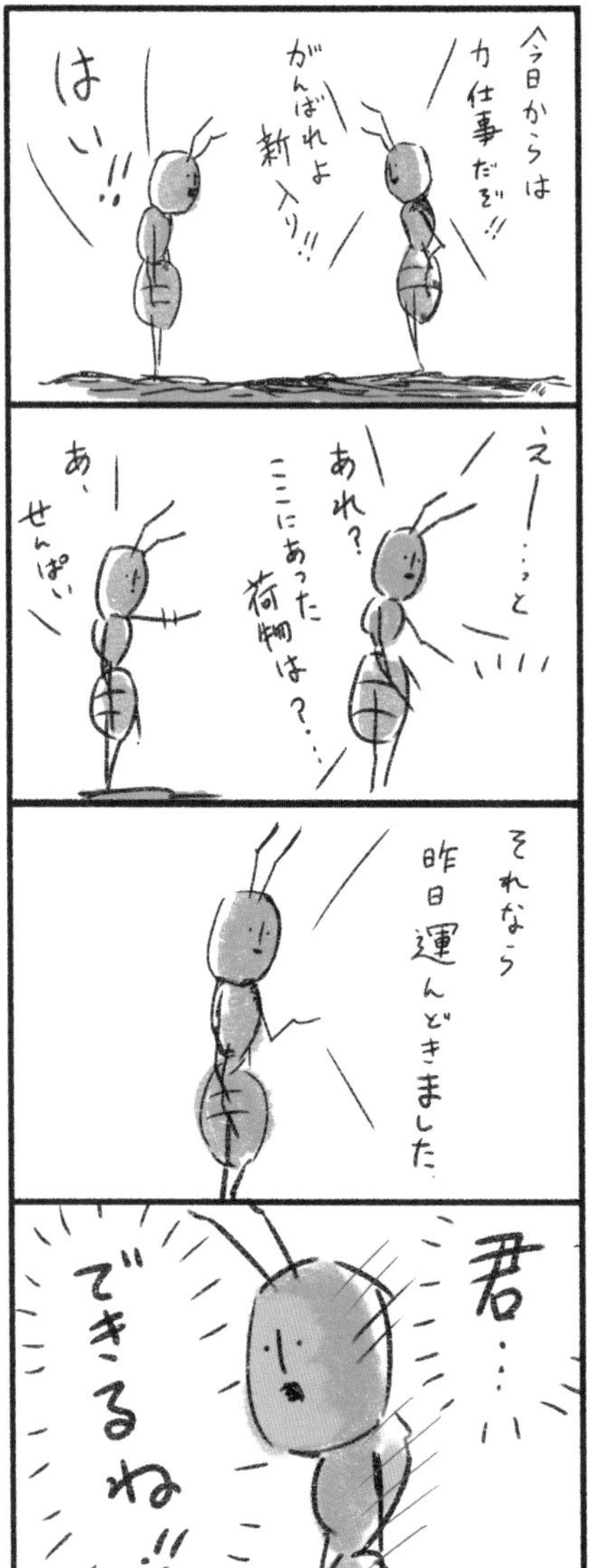

多くの会社では、毎年春になると新入社員が入ってきます。

それまでは「わからなかったらなんでも聞いて」と先輩に言われてきたのに、今度は「すみません、教えてもらえますか？」と質問をしてくる自分よりもキラキラ輝いて見える若手が現れるのです。


仕事を教えられる側から教える側となり、仕事の実力も追う側から追われる側に。


桜が満開のある年の4月。僕のもとにとても優秀な後輩が現れました。

新入社員時代の僕は、仕事のやり方をメモ帳に書いては、そのメモをどこに書いたかわからなくなり、手帳をぺらぺらし続けるダメダメな新入社員でした。

それに対し、後輩となった新入社員はなんとほぼメモをとらない。

「き、君、メモとらなくて平気なの？」と聞くと「はい。これくらいなら覚えられます」と驚くべき発言。**最初は、そんな彼に戦々恐々としていました。**

しかし、僕も彼に仕事を教えることで仕事が定着していき、お互いに成長することができました。後輩に教えながら自分も成長すれば、焦る必要はありません。

POINT

デキる後輩を味方につけて自分も成長しよう

「人間関係」あるある

5 結局、誰の指示を聞いたらいいのかわからない

社長や上司、先輩など自分より立場が上の人の指示は会社員にとって絶対です。上からの指示に理由もなく「NO」と言いつづければ、危険人物と思われてしまいます。

しかし、そもそも上からの指示が人によってバラバラだったらどうでしょう。指示を受ける側としては、たまったものではありません。

僕も2人の上司の間に挟まれたことがありました。

仮に一方を上司A、もう一方を上司Bとしましょう。

上司Aからは「①のやり方でやりなさい」と指示され、その指示通り作業を行っていると、その現場を見た上司Bが「なにやっているんだ！　②のやり方でやりなさい」と怒鳴ってきたのです。

僕は最初に指示をした上司Aのところに行き、「やり方を①から②に変更してもいいですか？」と相談しました。

すると、「ダメ」と言われ、結局上司Bから隠れるように①のやり方で進めることにしました。

しかしそう上手くはいかず、コソコソやっている現場を上司Bに見つかり、「なんで言うことを聞いてないんだ！」と怒鳴られ大ピンチに。

「上司Aにこのやり方で進めるよう指示されました」と説明すると、まさかの逆効果。火に油を注いだかのような状態で、「言い訳するな！」と怒鳴られる始末。

本当に困りました。異なる上司から異なった指示を受けると、結局はなにが正しいのか、わからなくなります。

それから僕は、**直属の上司の指示を優先する**ようになりました。その上司を一番信頼していたこともありますが、理由はもうひとつあります。

それは、**僕のミスに対し直属の上司は一緒に怒られてくれますが、他の上司は監督者としての責任はないので、知らん顔ができるから**です。

入社したばかりだと、正しい指示を出してくれる上司を見極めるのは難しいですが、仕事をこなしていくうちに、誰の指示に従うのが自分にとって一番いいのか、なんとなくわかってくるので安心してください。

仕事がわからない新人の時はいろいろなことを言われてしまいますが、まずは直属の上司の指示を大切にしましょう。

POINT

正しい指示を出してくれる人を見極めよう

「人間関係」あるある

6

何度も同じ話を聞かされる

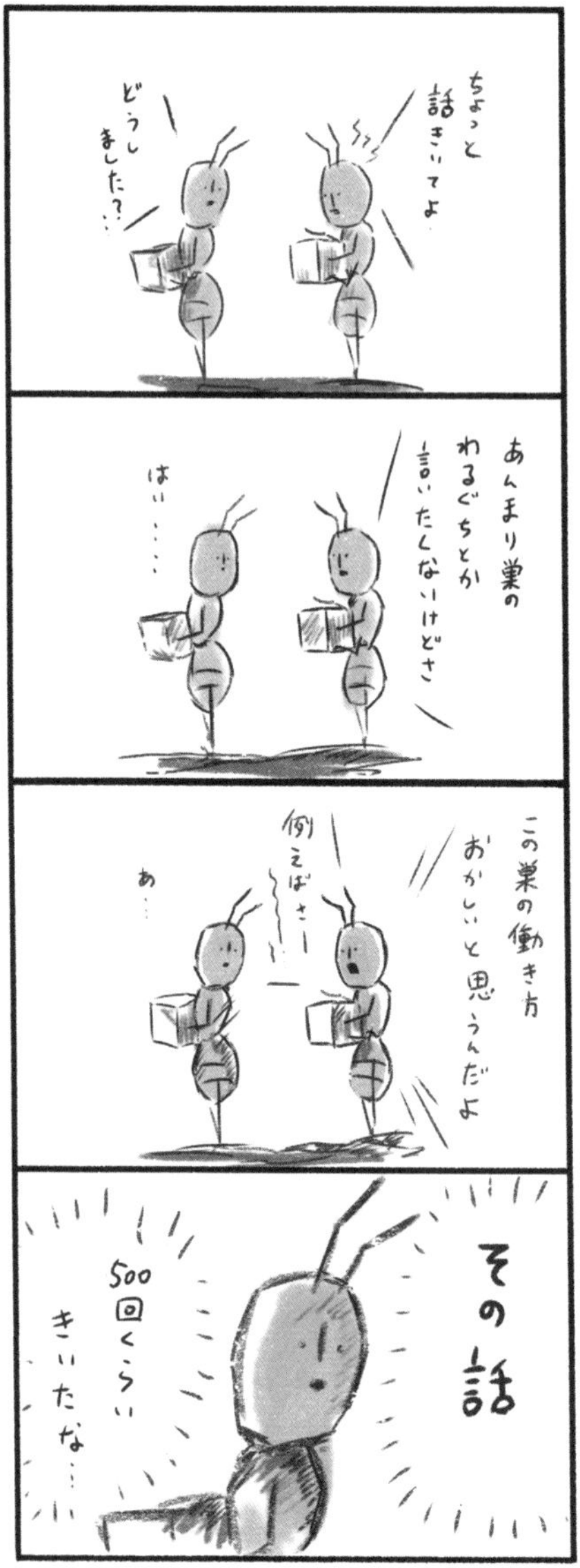

話したことを忘れてしまうのでしょうか。何度も何度も同じことを話してくる人がまれにいます。仕事に関係のあることならいいのです。何度も繰り返し言うくらい大切な話なんだと思います。

しかし、そうじゃない場合、**相手の話を遮って「その話、前にも聞きました」と言ってしまうと相手を傷つけてしまいます**。

ならば相手を傷つけないことを優先して、毎回初めて聞いたかのようなリアクションをとればいいのでしょうか。

相手は一層ノリノリになりますが、自分は嘘のリアクションをしつづけていることにだんだん心が疲れて、納得がいかなくなってきてしまいます。

そこで僕は追い詰められた時「ですよね！」と答えるようにしています。

この言葉は、とっても便利です。相手に**不快な思いをさせない上、遠まわしに「前にもその話聞きました」という雰囲気を醸し出せます**。無理せず「ですよね！」くらいの感じでいれば、自分も相手も気持ちよくいられます。

POINT

「ですよね！」という魔法の言葉をつかいこなそう

「人間関係」あるある

7

同期と仲良くなれるか心配

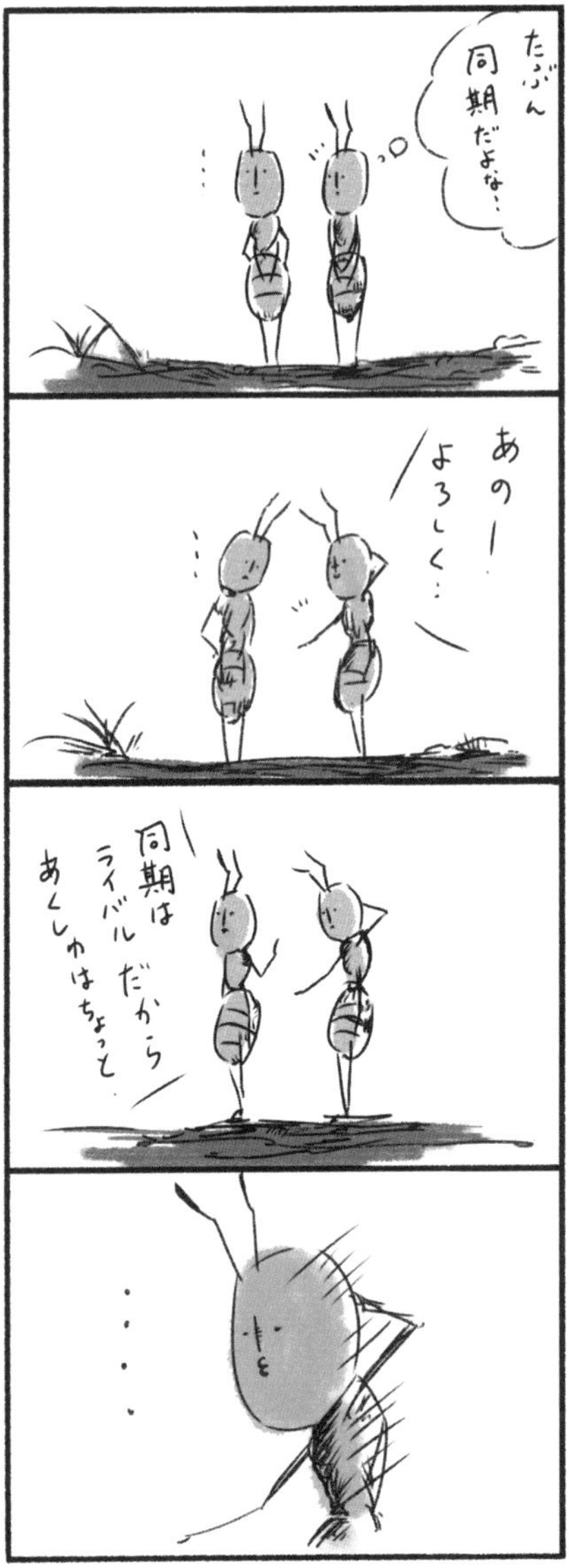

同期は、仲間でありライバルです。

僕が会社に入社したての頃、同期との間にはお互いをライバル視する雰囲気がありました。

僕の趣味は「絵・昆虫・漫画」なのに対して、その同期は「お酒・車・筋トレ」が趣味と、なんだか正反対。

その結果、あまり会話もせず社会人生活がスタートしました。

しかし、**いざ仕事をはじめると日々の業務に忙殺されて、同期と戦っている暇が全くありません**でした。

たとえ水と油であっても、とてつもなく大変な環境だと混ざりあうのです。

お互いが聞き漏らした上司からの指示を補いあい、わからないことを聞きあえるようになりました。

なので、**同期はライバルでもありますが、ピンチになったらそんなこと言っている場合ではなくなり、きっと助け合える仲間になる**はずです。

POINT

過酷な環境だと自然とライバル関係から仲間になる

「人間関係」あるある

8 理不尽に叱られる

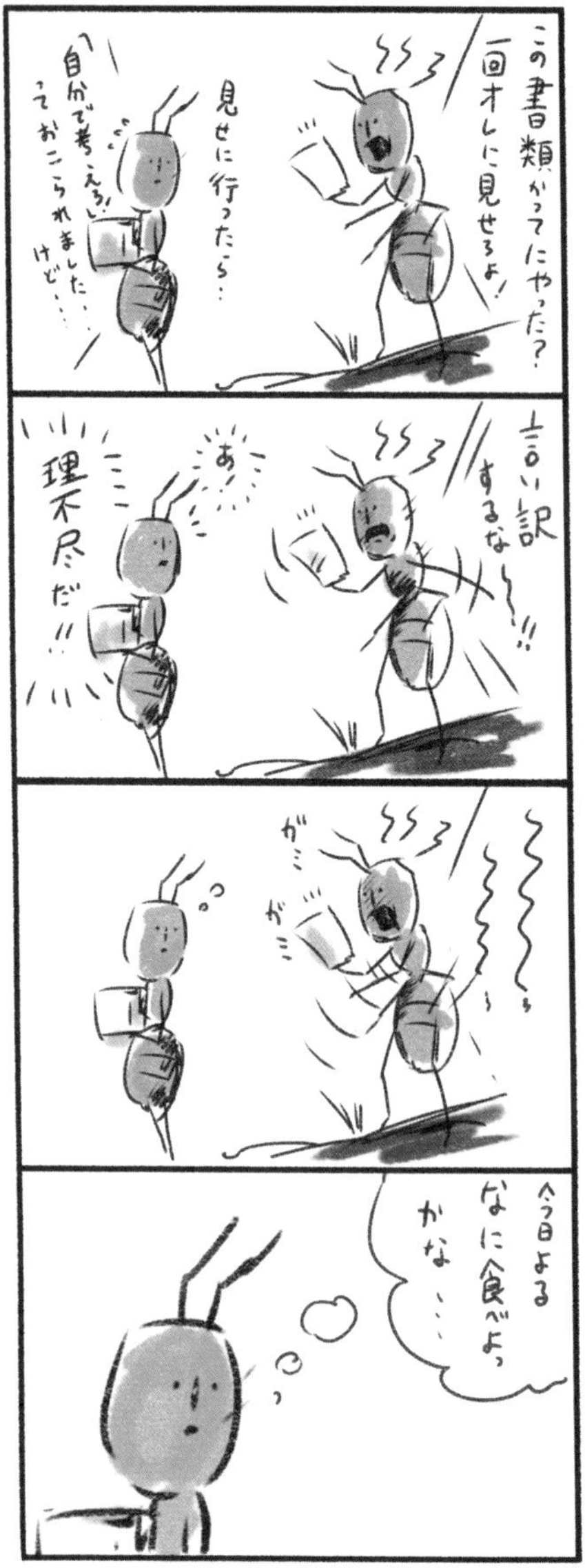

残念なことに社会には、理不尽なことがたくさんあります。

さっきまでOKが出ていたのに突然NGになったり、ミスをなすりつけられたり、初対面でこちらの努力もなにも知らない相手に説教されたり、納得のいかないことはどうしても起きてしまうのです。

相手は理不尽。

「それは理不尽ですよ！」なんて立ち向かう方法もあるのですが、なんてったって

こちらの話を聞いてくれる可能性は非常に低く、最悪の場合「態度が悪い」とさらに怒り出すかもしれません。

もしなにか理不尽なことを言われたら、まずは、大きく息をすって吐いて深呼吸をしましょう。カッとなっては自分のコントロールも難しくなってしまいます。

目の前に相手がいる場合は、息を吐く時にため息をついたと思われかねないので、脳内深呼吸をマスターすることをおすすめします。

そして、静かに聞くフリでもしながら、頭の中では、週末の楽しみな予定や晩ご飯の献立など別のことを考え、説教の終了を待ちましょう。

聞くフリだけでかまいません。しっかり相手の言うことを聞いてしまうと、こちらもイライラしてしまいます。

そして、「この人は理不尽なんだ」という情報を得られただけでもいい収穫だったとポジティブに捉えて、今後はヘタに近づかないように気をつけましょう。

理不尽な人と過ごす辛い時間を少しでも減らしたほうが、心身が健康でいられるはずです。

また、**関わらなくてすむようになったら、一刻もはやくその人のことは頭の中から追い出しましょう**。

時には、同僚や友人に愚痴りたくなる時もあると思います。気を落ち着かせるために、少しなら話してもいいかもしれません。

しかし、くわしく話そうとすると、またその瞬間に味わった嫌な記憶を思い出さなくてはいけなくなります。さらには、その愚痴を聞いてくれる優しい人にも、嫌な思いをさせるかもしれません。

負の連鎖の発生です。

そんなことにならないためにも、理不尽な相手とは距離をとりましょう。

それでも理不尽なしうちをくらってしまうときは、一刻もはやく記憶から消して、楽しいことを考えましょう。

切り替えが早くできた分、辛い時間より楽しい時間が増えるのですから。

POINT

理不尽なことをされても大人の対応でやり過ごそう

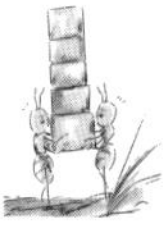

「人間関係」あるある

9

パワハラだと言われそうで仕事を頼めない

会社の後輩との接し方は難しい問題です。一歩間違えるとハラスメントになりかねません。

極端な話「これコピーしといて」というちょっとしたお願いでも、頼み方や表情によってはものすごい圧力を生み出して、相手に不快な思いをさせてしまうこともあります。**不安な人は、自分が新入社員だった頃に、尊敬した先輩とそうでない先輩を思い出してみてください。**

きっと尊敬できる先輩は、なにか仕事を頼む時は目を見てくれて、頼まれた作業が終わると「サンキュー」と言ってくれたはずです。

そういう先輩に怒られた時は「迷惑かけてしまったな」と反省の気持ちになるのに対し、尊敬できない先輩には、「怖い」という気持ちが植え付けられ、パワハラだと感じてしまうのではないでしょうか。

時には怒らなければいけない場面もありますが、普段の関係性が成り立っていれば、きちんと意図が伝わるはずです。

POINT

普段から良好な関係を築いておこう

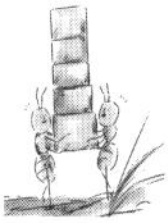

「人間関係」あるある

10

ミスを認めず言い訳ばかりする

僕の同僚にミスを認めず言い訳ばかりする人がいました。

上司に怒られても「だって」「でも」と即座に返し、見ているこっちまでドキドキしてしまいます。

言い訳したい気持ちはものすごくわかるのですが、言い訳は一時の責任逃れができるだけで、自分のイメージを大きく下げるリスクがあります。ぐっとこらえて謝ることで、信用を守ることができると思うのです。

いつも言い訳ばかりだと普段から疑いの目を向けられ、本当に他人のせいの時には信じてもらえず、全てその人が悪く見えてくるのです。

もちろんそのようなイメージは上司の中でも広がっていたようで、その人は会社で一番厳しい上司の下で働くこととなりました。

そして驚いたことに数日すると言い訳している姿がすごく減ったのです。裏で雷が落ちたのでしょうか、考えるだけで震えました。

POINT

言い訳しても得はない

「人間関係」あるある

11 まわりにとって快適な環境が自分にとってもそうであるとは限らない

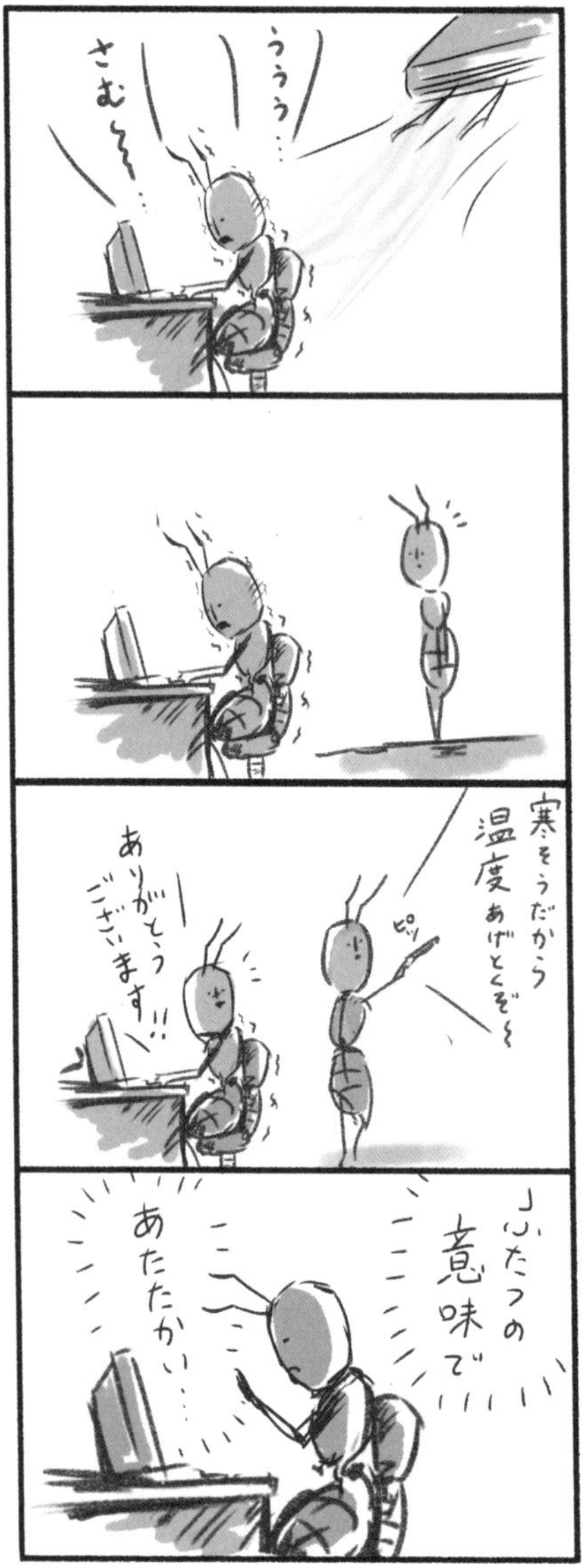

会社ではたくさんの人が同じ部屋で働いています。その全ての人たちにとって快適な環境を作るのはとても難しいことです。

特に夏の冷房は、極端に差が出ます。一方は灼熱のサバンナ、一方は極寒の南極。その間のわずかなスペースだけが、ちょうどいい温度のオアシスとなります。しかし、その**オアシスの位置に座れる人は、かぎられたラッキーな人のみ**です。

大抵の場合、温度の上げ下げ論争が巻き起こります。

論争の相手が同期なら「寒いよ！」とか言えるのですが、相手が上司になるとそうはいきません。ひたすら上着を着て、雪だるまのような状態で寒さに耐えながら仕事をするしかありません。まさかの夏に雪だるまです。

もし、まわりの社員が雪だるまみたいになっていると気づいた時には、「寒い？」と聞いてお互いが過ごしやすい温度を探るなど努力をしてみてください。

そうすることで**極寒のオフィスが優しさにつつまれた平和なオフィスに早変わり。**
会社全体が「優しさオアシス」になるはずです。

POINT

思いやりで職場を「優しさオアシス」にしよう

「人間関係」あるある

12

手柄ドロボウに要注意

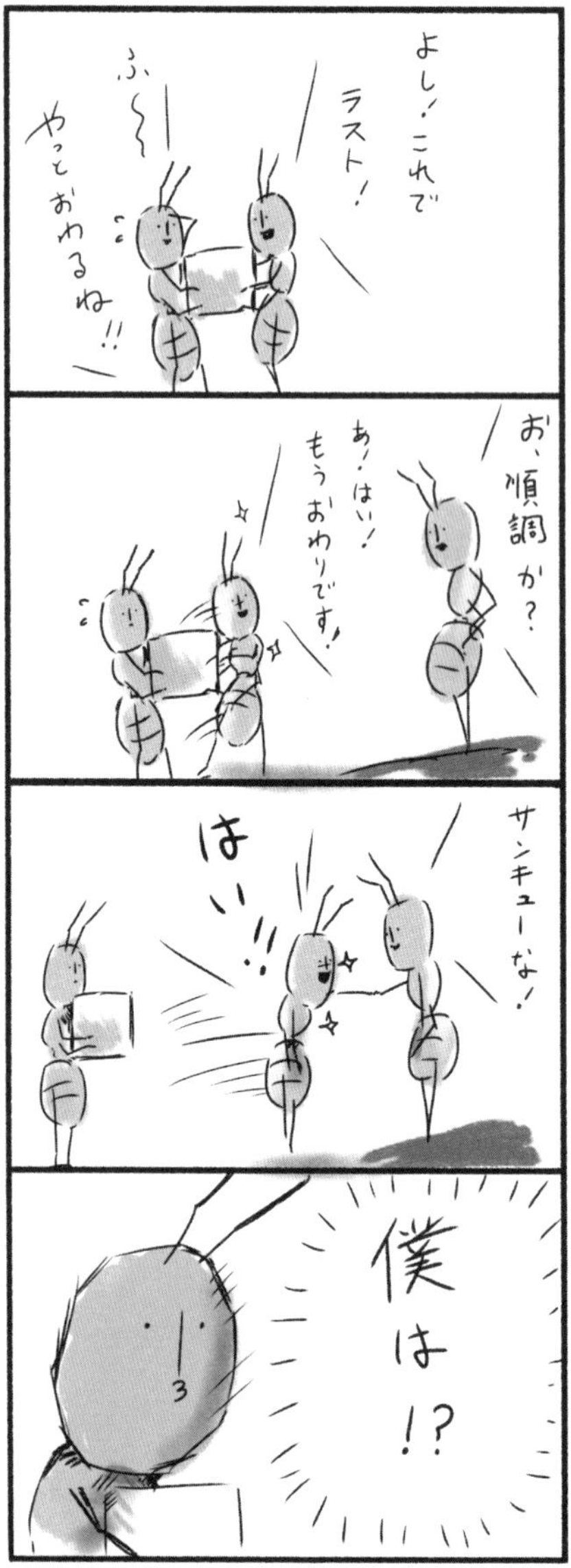

チームで仕事をやっていく上で、個々の能力は大切です。しかし、**それ以上に大切だと僕が考えるのは協力しあえる関係性**です。

でもやっかいなことに、意図してチームのメンバーに迷惑をかける人がごくまれにいます。

チームの仕事の手柄を自分ひとりのものにする人もいます。

これまで一緒に頑張ってきたのに、全ての手柄を自分だけのものにする手柄ドロボウです。

残念なことに社会では、そういうしたたかな能力が必要な時もあります。

それはそれとして、勝手に自分の手柄も一緒にもっていかれることは、絶対に納得いきません。

でもここはグッと我慢。仕事をこなしたことであなたのスキルは間違いなくついているのです。

特にそんなことをしなくても、まわりは頑張っている人をちゃんと見ているものです。

普通にしているのが一番です。手柄ドロボウによって奪われた手柄なんて、スキルの身についているあなたなら一瞬でまた得ることができるのですから。

忙しいと、まわりへの配慮がおろそかになりがちです。自分が手柄ドロボウにならないよう注意したいものです。

POINT

普通にしているのが一番

第 2 章

これって本当に私の仕事ですか？

「お仕事」あるある

「お仕事」あるある

1

「大丈夫？」と聞かれたら「大丈夫です」としか答えられない

入社してしばらくは、まわりの優しい先輩が心配してくれて「大丈夫？」なんて声をかけてくれます。

そんな時、特に入社したてだと、**なにも考えず「はい！　大丈夫です！」と咄嗟に答えてしまうこともある**のではないでしょうか。

僕は未だにそんなことばかりです。

仕事のやり方がいまいちわかっていないのに、わかったふりをしたり、先輩の指示が聞こえてないのに「承知しました！」と言ってしまったり、知らない用語を言われたのに知ったかぶりして返事してしまったり、そもそも緊張していてなにも耳に入ってないのに返事をしたり。

すぐに理解できてないとダメな部下だと思われてしまう、そんな不安が結果的に「はい！　大丈夫です！」という返事につながってしまうのです。

僕はなんでもかんでも「大丈夫です」と言っていた結果、大きな失敗をしてしまったことがあります。

荷物を運ぶ作業を頼まれた時、「それひとりで時間内にできる？」と先輩に聞かれ「はい！」とお得意の元気な返事をしました。

しかし、作業は一向に進まず、「ちょっと難しいです」と先輩に言っておけばよかったと後悔しながら、時間内に終わりそうもない作業を誰にも報告できずにひたすらひとりで進めました。

しかしもう一度様子を見に来てくれた先輩が、このままじゃ終わらないと判断し助っ人を引き連れて来てくれたおかげで、なんとかその作業を終わらせることができたのです。

僕はその時、安易に「はい！　大丈夫です！」と答えることの危険性を学びました。

かといって、すぐに「ちょっと厳しいです」と答えるのも違う気がします。**チャレンジもせず、人に頼っていては成長できません。**

また、なんでもかんでも「厳しいです」と言っていると、上司にやる気のない部下だと勘違いされる危険性もあります。

まずは「はい！」と返事をしてやってみて、ダメそうだったらすぐ相談。そんな感じでやってみるのはいかがでしょう。

「はい！」と言ってしまった以上、最後までそのとおりやらなきゃいけない、というルールはありません。

途中で助けを求めていいと思います。

まずはチャレンジ。ダメそうだったらすぐ報告して反省。そんなふうに成長していければ、全く問題ないと僕は思うのです。

POINT

まずは自分の力で頑張ってみて、ダメそうだったらダッシュで報告

「お仕事」あるある

2

若者みんながメカマスターと思われがち

パソコンやコピー機が壊れた時、とりあえず若者を呼ぶ、という風潮があります。学生の頃からパソコンやインターネットに囲まれて育ってきたデジタルネイティブ世代に対して「機械はお手のものだろう」という謎の信頼感があるようです。

しかし、みんながみんな機械に強いというわけではありません。

たとえば、コピー機の故障についてはどうでしょうか。そもそも、ほとんどの家に業務用のコピー機はありません。

つまり、コピー機についての知識に年齢差は関係ありません。

ただ、僕たちには強い味方がいます。それがインターネットやSNSです。**大抵のことは、ネットで検索すればわかります。**

ダメなら同期に頼り、それでもダメなら正直にできませんと言えばいいのです。

場合によっては業者がやるレベルの故障かもしれませんしね。

頼まれたら焦らずできる範囲で頑張ればいいのです。

POINT

焦らず自分のできる範囲で頑張る

「お仕事」
あるある

3

いつ見ても休憩室でサボっている人がいる

いつも休憩室にいて、休憩室のボスみたいになっている人がたまにいます。**真面目に働く人は「自分はこんなに働いているのに……、なんであいつだけ」と思うかもしれませんが、ここはぐっとこらえましょう。**

僕の同期にも、1年目から休憩室のボスみたいになっている人がいました。新入社員全員で仕事をこなす中、いつも彼だけ姿が見当たりません。

ある日たまたま、新入社員の様子を部長が見に来ました。休憩室のボスである彼はその日もサボっていました。「あれ？　ひとりどこ行った？」と部長が尋ねるので、同期の一人が仕方なく「休憩室におります！」と答えました。それを聞いた部長は、「なんだと！」と怒り心頭で、休憩室に向かって行きました。

バレないところだとついつい楽をしたくなるものですが、もしバレた時は信用を失ってしまいますし、なんてったって休憩室のボスは部長によって簡単に倒されてしまうのです。ズルはよくない。当たり前のことですが、他人を見て自らも気を引き締める出来事でした。

POINT

休憩室のボスは気にせず自分の仕事に集中しよう

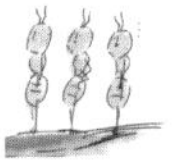

「お仕事」あるある

4

お昼過ぎの睡魔に勝てない

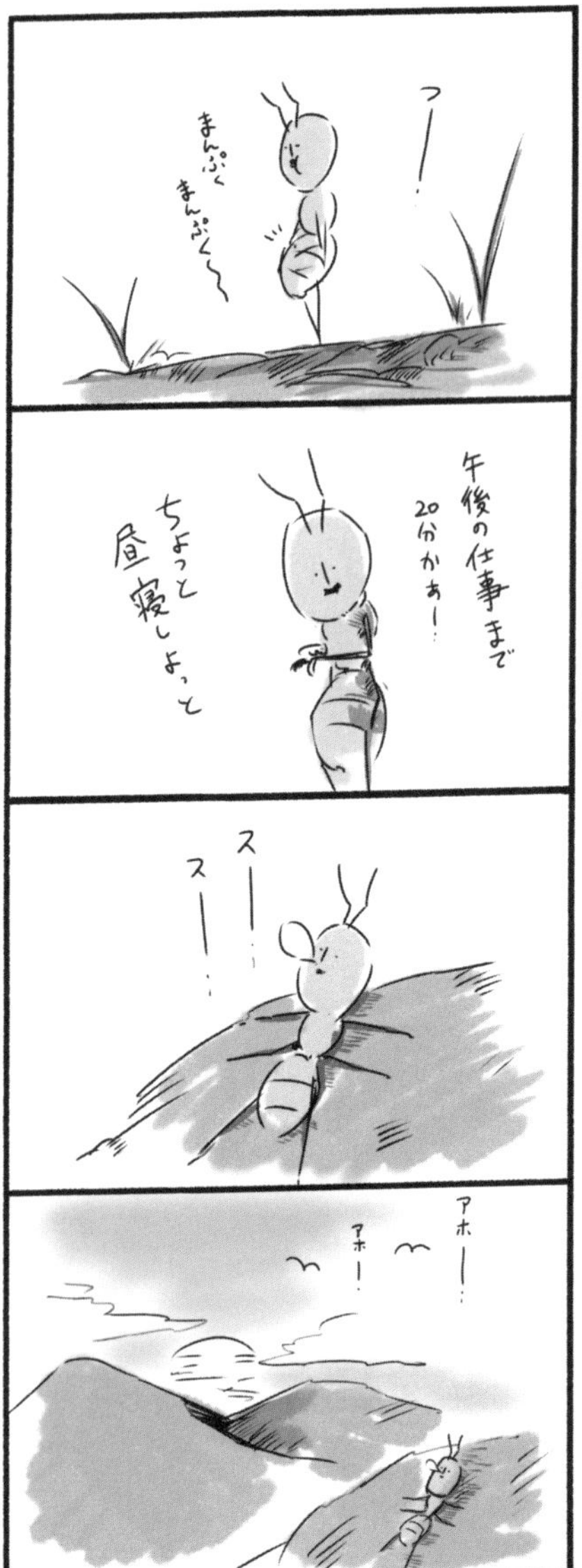

あたり前ですが仕事中に寝ると上司にぶっ飛ばされてしまいます。

特に危険なのはお昼ご飯を食べた後。お腹いっぱいの時にくる眠気は睡魔ではなく気絶に近い感覚です。

僕の失敗談を紹介しますと、お昼を食べ仮眠をとる習慣ができていた当時、その日も休憩終了まで残り20分ほどあったので、ベンチに座り仮眠をとっていました。ふと気づくと大ピンチ。休憩時間から20分も超過していたのです。

大慌てでオフィスに戻りました。その時は顔面蒼白で泡を吹く寸前、ものすごい寝起きの顔のまま上司に謝罪したのですが、ラッキーなことに上司をはじめオフィスでは誰ひとり僕がいないことに気づいていなかったそうです。

怒られずにすんでよかったのですが、ほんの少し寂しさを感じた午後でした。

この失敗から僕は、休憩時間には目覚まし時計をセットするようになりました。目覚ましが鳴るまでは休む、と決めておくことで、休憩にメリハリがついて、効率よく休めるようになりました。

POINT

仮眠をとる時は気をつけよう

「お仕事」
あるある

5

職場には暗黙のルールが存在する

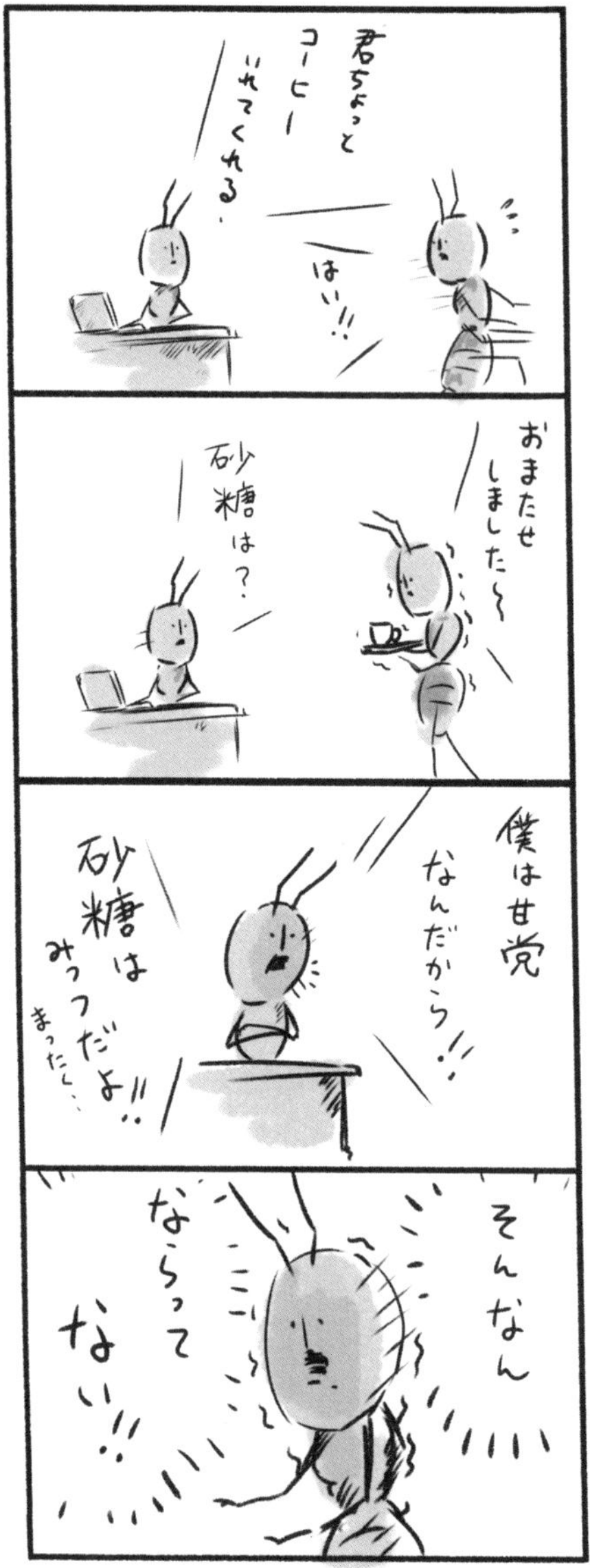

研修を受け会社のことを一通り教わったと安心してはいけません。配属される職場によって暗黙のルールというものが存在することが多々あります。

たとえば、始業時刻は9時だけど新人は8時までには出勤しなくてはいけない、飲み会の次の日の朝は必ず上司にお礼を言ってまわらなくてはいけない、などです。**事前に教えてくれればいいのですが、大抵の場合そのルールを破った時にいきなり怒られて、初めてそのルールの存在に気づきます。**

でも知らなかったことは仕方ありません。落ち込まず「あ、そうだったんだ。次から気をつけよう」くらいに受け止めて、今後気をつければいいのです。

新人のときはわからないことばかり。暗黙のルールなんてわからなくて当然なのですから。

POINT

暗黙のルールがわかるまでは慎重に行動しよう

「お仕事」あるある

6

唯一楽しみな休憩時間に仕事を頼まれる

休憩時間は何よりも大切です。

携帯を見ながらゆっくりお昼を食べるもよし、さっさとお昼を食べて外を散歩するもよし、与えられた時間は自由に使えるはずです。

しかしそんな楽しい時間を脅かすのが誰かからの急なお願い。

買い物などすぐにすむ簡単なものから、休憩時間の全てを費やしてしまうものまで様々です。

僕が経験したのは、休憩中にお得意先に挨拶にいき、資料を受け取ってくるという仕事でした。

お得意先までは電車と徒歩で約20分、往復で約40分かかります。お得意先への挨拶などなんやかんやで計1時間オーバー、休憩時間が消えてしまいます。

用件をすませたら、きっと上司が休憩をくれるだろうと考えていました。しかしお昼を食べず急いで頼まれた用件をすませて、「戻りました！」と言うと上司からは「はい」のたったひと言。

「ご飯食べた？　食べてないなら行ってきていいよ」と言ってもらえるかと思ったら、現実は「はい」のひと言のみ。

勝手に外に出るのも気が引けるし、かといって「先ほど休憩とれてないので休みます」と上司に言うのもかなりの勇気が必要です。

僕は上司に「休憩ください」と言うこともできず、午後の仕事に戻り、机の中に隠しもっていたグミで飢えをしのぎました。

ですが、**集中力は上がらないし、普段は半分の時間で終わる仕事も倍の時間がかかり**、結果、その日は残業。

もしあの日、勇気をもって上司にかけあい休憩をとっていたら、効率よく午後の仕事もできたはずです。残業もせずに定時で帰れたでしょう。

それは僕にとってだけでなく、会社にとってもいいことです。ムダな残業代を払わなくてすむのですから。

自分自身で、どうしたら自分が一番効率よく働けるかを考えて行動しましょう。

ただ、自分勝手に会社がＯＫしていない働き方はいけません。

時にはそのほうが効率がいいかもしれませんが、必ず許可をとってからにしましょう。

休憩をとりたくてもとれなかった時のために、僕のように**デスクの引き出しに非常食を常備しておくことをおすすめします。**

POINT

万が一のために非常食を常備しておこう

「お仕事」あるある

7

早起きして仕事しようとしてもなかなか上手くいかない

朝に活動したほうが効率がいいという話は、テレビや本などでよく目にします。

僕も年に2、3回生活習慣を見直そうと思いたつ日があり、そういう時は朝5時に目覚め仕事をはじめるのですが、結果はいつも三日坊主を上回る1日ぽっきり。

真面目に起きて活動したい自分と寝たい自分が戦い、結果後者が圧勝。

そのせいで朝にやるはずだった仕事は深夜にやらなくてはならなくなり完全究極的夜型人間が完成します。とても残念な結果ですが、自分の責任です。

そこで**最近は、朝5時なんて厳しい早起きの設定はやめて、自分がちょっと頑張ればできる時間に起きるよう心がけています**。

そして、起きる時は「そいや！」と大声を出して、強引にテンションを上げると、二度寝の可能性を低くできるのでおすすめです。

最近は起きてすぐ5分ほどスマホゲームをやったりしています。

スマホの光で目が覚めて、ゲームに夢中になると二度寝をしません。

POINT

早起きして仕事するにはまず気合い

「お仕事」あるある

8

デスクが汚すぎて大切な書類をなくす

あたりまえのことですが、身のまわりを整理整頓しないと大切なものはなくなります。わかっているのですが、現在、僕の机の上は絶対に公開できないほど、大変なことになっています。

簡単に説明すると、カブトムシとクワガタムシの作りかけの標本が4つあり、ペットのエビが水槽で泳いでいます。他に画材が多数。また床には足の踏み場もないほど漫画のネームが落ちており、かき分けるといつ貰ったかも思い出せない謎の書類が発見されます。デスクが整理されていないと大切な書類はなくなります。

デスクが汚い僕がこんなことを言ってはいけないのですが、片付けましょう。

僕もこの文章を書いたらすぐ片付けます。片付けのコツなんかに関しては、逆に僕が聞きたいくらいなのですが、ひとつお気に入りの置物をおいてみてはいかがでしょうか。僕は昆虫のフィギュアを大切にしているのですが、まわりが汚いとフィギュアはゴミのように見えてしまいます。まずはフィギュアのまわりだけきれいにして、徐々にきれいな範囲を広げていくと、部屋全体が片付きます。

POINT

まずは狭い範囲からきれいにしていく

「お仕事」あるある

9

有休をとりたいけど なかなか言い出せない

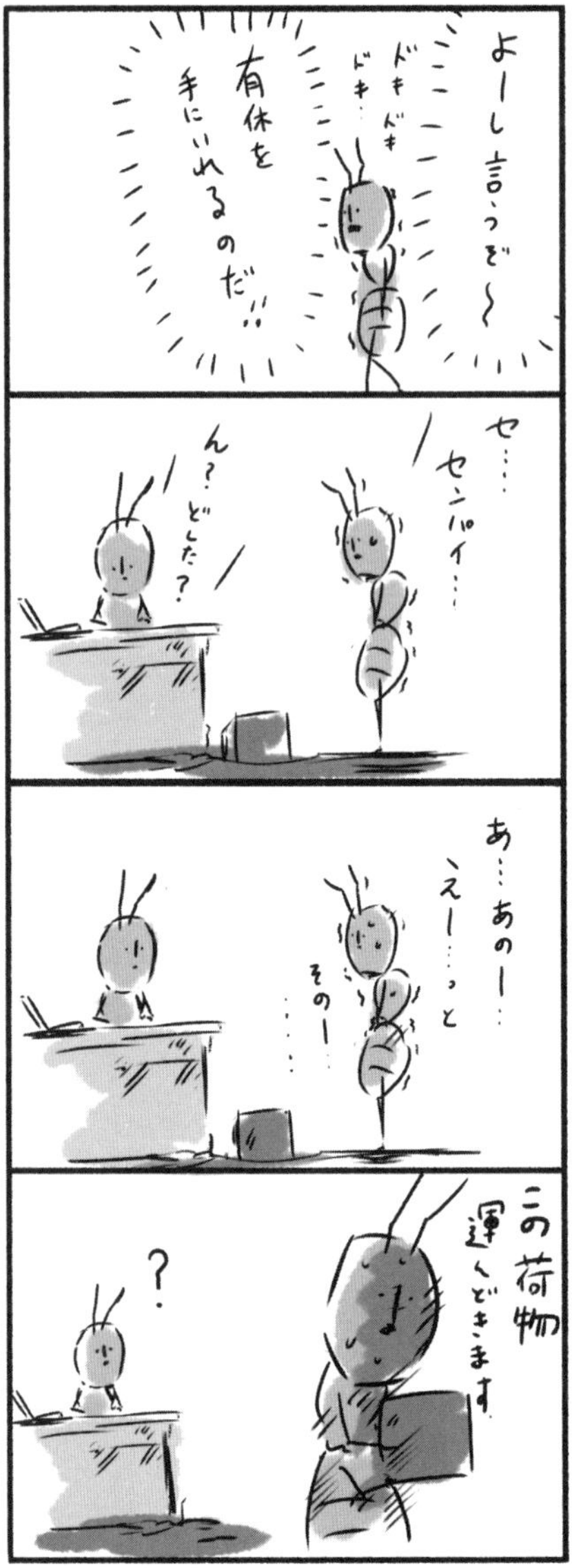

「有休ください」。そのたったひと言に僕はめちゃくちゃ緊張していました。

上司の前では、「はやく仕事を覚えたいので、どんどん仕事ください！」みたいなスタンスをとっていたので、**「有休ください」なんて言ったら、これまでに作り上げてきた真面目キャラが崩壊し嫌われてしまうかもしれない、なんて考えてしまっていた**のです。

有休の敵は上司ではなく自分自身だったりします。

自分が勇気を振り絞って頼めば、上司もめったに否定してきません。

人はだいたいハッキリ言えば勝てます。僕のようにモジモジして、隙を作ってはいけません。そもそも**有休をとることは、決して悪いことではない**のです。

目を「ガッ」とひらいてハッキリと自信をもって言えば、上司はきっと「わかった」と言ってくれるはずです。たとえ「ダメ！」と言われても心の中で「ちくしょう！！！」と叫び、スッといつもの業務に戻ればいいだけなのです。

POINT

拒否する隙を与えずに、言い出しにくいことでもハッキリ言おう

「お仕事」あるある

10

隣の人のキータッチ音がうるさすぎる

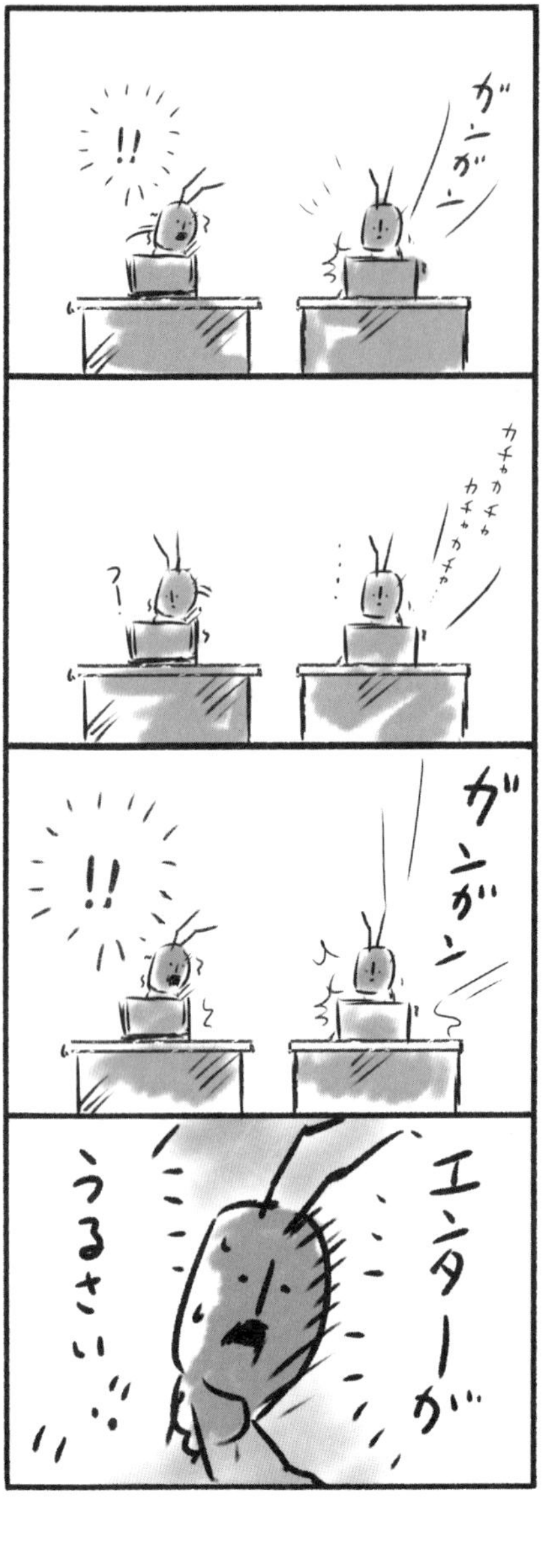

僕は、キーボードの中でエンターキーにだけ厳しめにあたってしまう癖がありま す。「これで、終わりぃ！！」みたいな感情が高まると、エンターキーを「ガン」と叩いてしまうのです。やっている本人はいいかもしれません。

しかし、隣に座る同僚は数分に一度「ガンガン」と鳴り響く音に怯えつづけないといけません。注意したくても相手はご近所さん。**これをきっかけに仲が悪くなっては、「エンターキーうるさい地獄」よりも過ごしづらい「気まずい地獄」が待ち構えているかもしれません。**

注意されずに日々「ガンガン」エンターキーを叩いている人は、気づかぬうちにみんなから「エンターキー人間」と呼ばれているかもしれません。つまり自分の気分がいいからといってエンターキーを強く叩いて、いいことはひとつもありません。

まわりには不快な音を聞かせ、まわりからは不快に思われているのですから。会社は家と違ってたくさんの人がいます。ささいなことでも一人ひとりが配慮することで、働きやすい環境になるのではないでしょうか。

POINT

小さなことがまわりに不快感を与えているかも

「お仕事」あるある

11 気合いを入れたくて食べすぎる

一人暮らしをはじめると、食事も全て自分で管理するようになります。

学生時代は朝ご飯を抜いていたのに、社会人になった僕は**「朝ご飯を抜いたら力が出ない！　仕事にならん！」と気合いが入り、ご飯を食べまくってしまいました。**

また昼は「午後からの仕事を頑張るためには食べる必要がある」といってがっつり食べ、夜もまた「明日の仕事のために食べよう」と食べます。

しかし忘れてはいけないことがあります。

それは、学生時代とは全く運動量が違うということです。オフィス作業の場合は、ほぼ座っているだけです。

僕は**太ってから「人間は、こんなに食べなくていいんだ」と初めて気づきました。**

そしてもうひとつ気づいたことは、太るほど食べても仕事はたいしてはかどらないということです。

POINT

たくさん食べたからといって仕事ははかどらない

「お仕事」あるある

12

やらなきゃいけないことを先延ばしにしてしまう

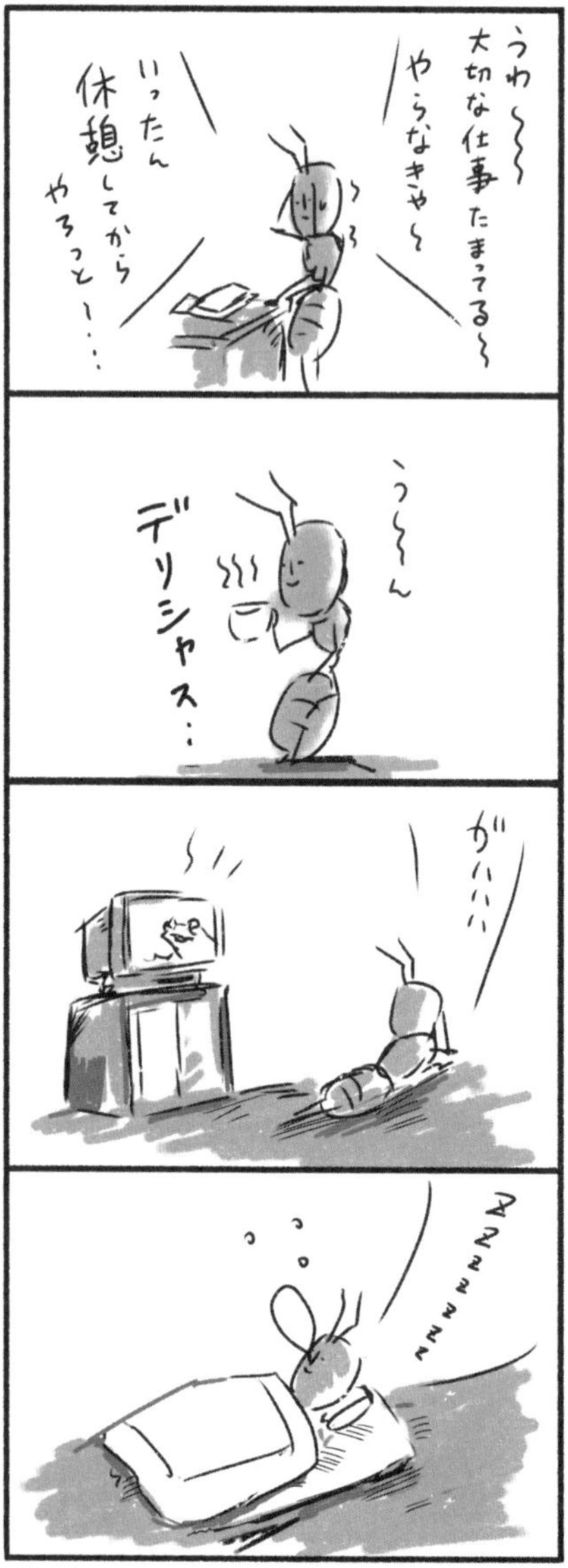

やらなきゃいけないことを先延ばしにしないほうがいいというのは、小学生の時からわかっていました。

子どもの頃から大の虫好きだった僕は、夏休みになると宿題そっちのけで朝から晩まで毎日虫とり三昧。宿題は夏休み最後の一週間に慌ててやっていました。

深夜に宿題と格闘しながら、来年は計画的にやろうと考えていましたが、今でもなにかと言い訳をして先延ばしにしがちです。

どうでもいい友達とのラインは高速で返信できるのに、仕事関係の大切なメールは見て見ぬふり。

ついつい後回しにしちゃうような大変な仕事も、最後まで完璧にやらなくちゃいけないと思うから大変なのです。

まずは、中途半端でもいいので手につけてみてはどうでしょうか。そうすれば、先延ばしにすることもなく、期限ギリギリに焦ることも減るはずです。

POINT

中途半端でもいいから手をつけてみる

「お仕事」
あるある

13

慌ててメモした内容が読めない

入社直後は、教わることが山ほどあります。また突然雑用を頼まれることや、覚えなきゃいけないこともたくさんあります。

そんな時の強い味方がメモ帳です。

僕はつねに小さなメモ帳とボールペンを持ち歩くことで、**できる限り一度教わったことは質問しないように心がけていました**。

しかし、問題はここからです。上司の話すスピードが異常にはやいのです。

僕の学生生活で培ったメモ能力が全く通用しません。それもそのはず。学校の先生はノートを書いている僕らを見て時間をくれています。

しかし、**社会人は忙しすぎて他人に優しさを振りまく余裕がありません**。すると喋りがはやくなり、こちらもメモをとる余裕がなくなります。

そこで僕がとった対策は、とにかくはやくメモをとること、そしてメモをとりつつ手元はほとんど見ずに相手の顔を見ることで、頭の中のノートにも記入するというダブルチェックシステムを採用しました。

その結果どうなったかと言うと、まず手元を見ずに書いたノートは謎の記号だらけとなり、頭の中のノートはと言うと、真剣な顔で話を聞いている顔を作るのに専念してしまい、なにも覚えていませんでした。はい、試合終了です。

こうなった場合残念ながら道はひとつしかありません。

「だからさっき言ったじゃん！　聞いてなかったの⁉」と言われる覚悟で「申し訳ありません。もう一度聞いてもいいですか？」と言いましょう。

僕の失敗は怒られることを必要以上に恐れ、そのひと言を言い出すことができず、あいまいな自分の記憶を信じて仕事を進めてしまったことでした。

結果、言われたことが全然できておらず怒られた上に、まわりの人に時間をムダに消費させてしまいました。

なので、**一生懸命メモをとってもダメだった時は、まわりに迷惑をかけないためにも、素直にもう一度聞きなおしてみましょう。**

POINT

怒られることを恐れずにあいまいなことはもう一度聞き返そう

第 3 章

9時5時の生活をしている人って本当にいるの?

「深夜の残業」あるある

「深夜の残業」あるある

1

帰る直前に仕事を押し付けられる

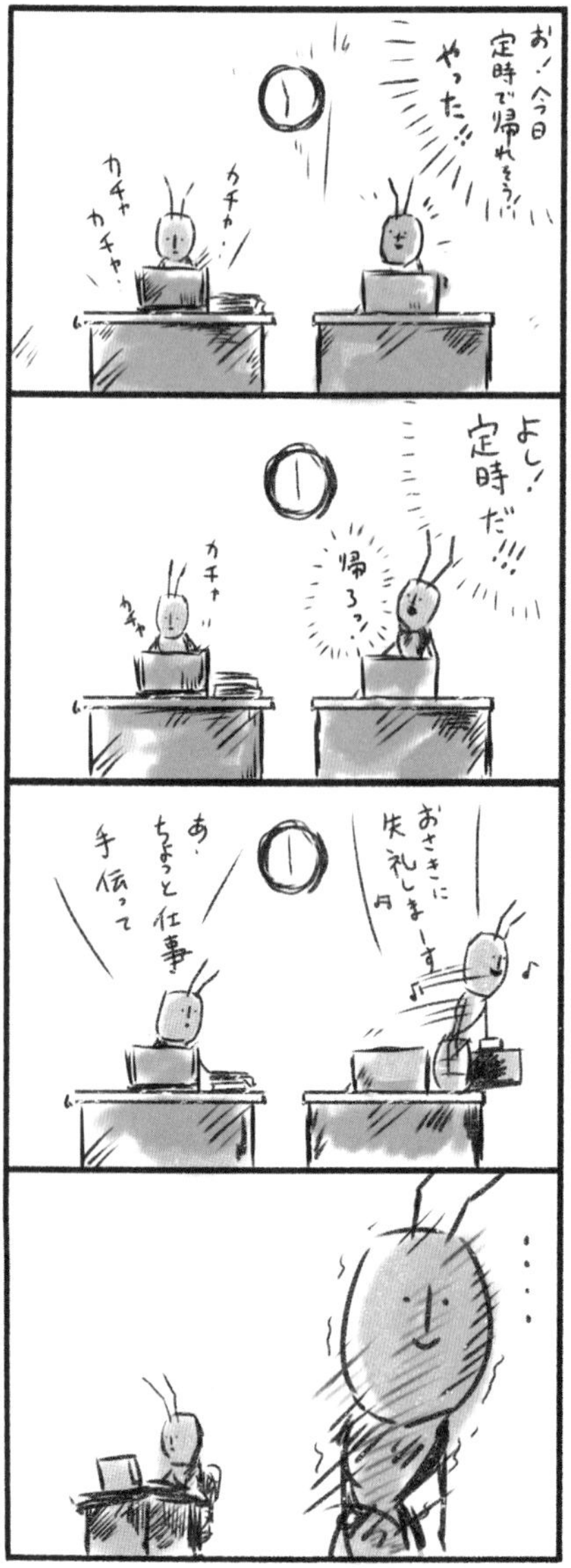

定時まであと5分、**今日中に終わらせなくてはいけない仕事も片付け、「今日は調子よく帰れるぞ」と思った瞬間が最も危険**だったりします。

なぜなら「この仕事お願いできる？　**今日中に**」と残業確定のひと言が舞い込んでくることがあるからです。その瞬間の悲しみといったら……。

仕事を頼まれてしまったら、**心を落ち着かせて、相手を包み込むような笑顔で対応しましょう**。

殺気が漏れないよう、あくまでもにこやかに。

そしてできる限りはやく仕事を終わらせましょう。残業は短ければ短いほどいいのですから。

また、**仕事を押し付けた人のことを恨んではいけません**。もしかしたらこの先、その人に助けてもらえる機会があるかもしれません。

結局は、助け合い。落ち着いて、落ち着いて。

POINT

いつかその人が自分を助けてくれると信じて笑顔で対応しよう

「深夜の残業」あるある

2

深夜残業をしていたら突然同僚が叫び出す

怪談のような話ですが、実話です。

どんなに避けたくても避けられないものが深夜残業。ひとり、またひとりと社員が帰っていくのはとても寂しいものです。

そんな時、たまたま最後に残ったメンバーが同期だけの場合、オフィスでストレスが大爆発することがあります。

僕は一度、同期が泣き叫ぶ場面に遭遇したことがあります。

僕が「どうした?」と聞くと「ストレスが!!」とただ叫ぶだけでした。

昼にこんなことが起きたら、異常事態ですが、深夜でかつ僕以外、誰にも見られていないからOKとしましょう。

その同期は、泣き終わると「あー、すっきりした」と平常心を取り戻しました。

深夜残業など過酷な仕事をしないですむ会社になることが、もっともいいことですが、一朝一夕で会社が変わることはありえません。**どうしてもしんどい時はまわりに人がいないことをよく確認して、彼のように叫ぶといいかもしれません**。

POINT

自分ひとりだったら叫んでもギリギリOK

「深夜の残業」
あるある

3

疲労と睡眠不足で作業効率が落ちる

深夜の残業日が続くと作業効率がどんどん悪くなっていきます。そんな時の対策は、やはり睡眠です。

たとえどんな小さな隙間でも、すかさず寝ることで体力を回復させましょう。そのためには、前もって安全に睡眠ができるスペースを見つけることが大切です。寝ている姿を上司に発見されたら、ぶっ飛ばされてしまうかもしれません。

僕は以前、会社内の資料倉庫を睡眠スペースとして利用していました。その部屋は、数分間人の動きが感知されないと、電気が消えるシステムになっていました。

ある日たまたま上司が真っ暗な部屋に資料をおきに来て、暗闇から突然現れた僕に腰を抜かすという事件が発生。それ以降、資料倉庫へは立ち入り禁止に。

とはいえ仮眠をとることは仕事のためにも大切なことで、新たな仮眠場所を探す旅は続きました。**僕のように発見されないような場所を見つけ、しっかり休憩をとりましょう。**

POINT

自分だけの秘密の場所を見つけて休憩をとろう

「深夜の残業」あるある

4

なぜか一瞬テンションが上がる

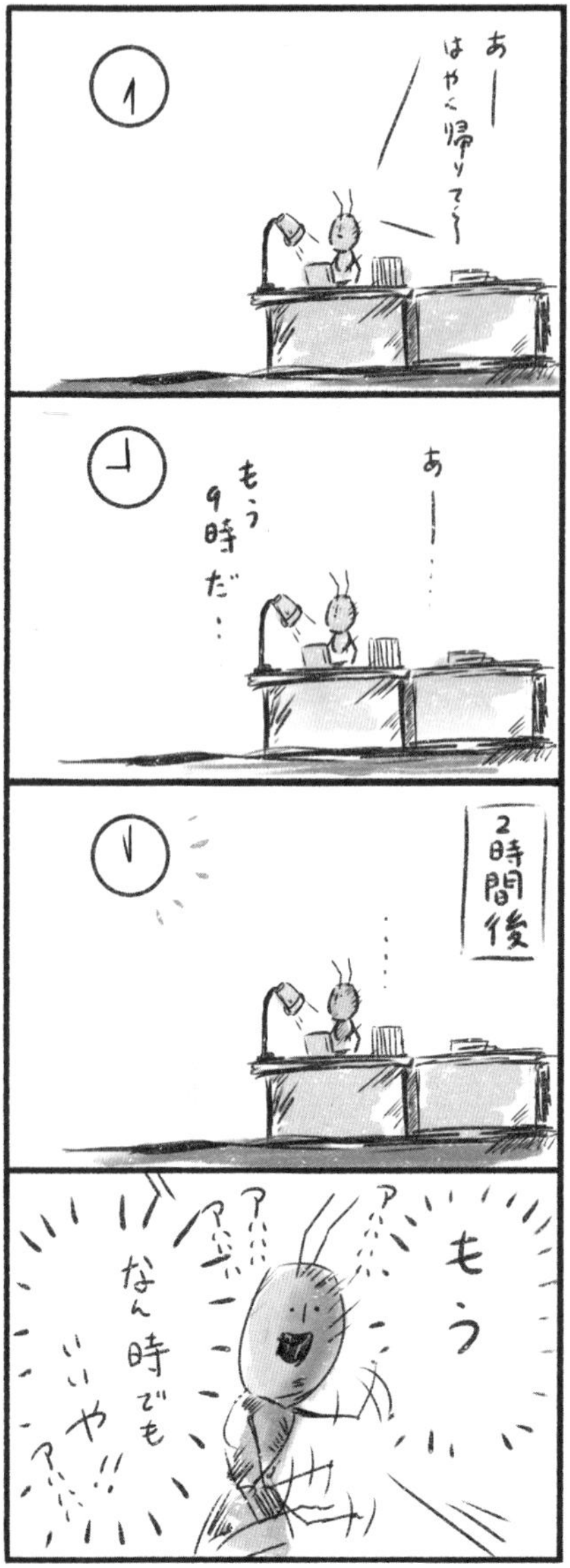

定時を過ぎ残業が確定した瞬間からテンションは下がり続けます。

しかし、あまりに遅くなると逆に「もう帰りが何時になってもいいや！」とやけになってテンションが上がるタイミングがありませんか？

普段は先輩や同僚がたくさんいて騒がしいオフィスも、深夜は静まり返っており、別世界にやってきたかのような気分になります。

上司の視線に怯える必要もなく、緊張の糸がほどけ、まれに変なテンションになってしまうことさえあります。

ある夜、僕と一緒に深夜まで残業していた同期が「見てみて！　見つかったらぶっ飛ばされるよ！」と言いながら常務の席に座ったことがありました。

しかし、監視カメラの存在を教えると顔が一気に青ざめ、先ほどまでのテンションの高さはどこにいったのか、いつもの冷静な同期の姿に戻っていきました。

深夜の仕事は、時として人を狂わせてしまうのかもしれません。

POINT

スリルを楽しむのもいいが、いつどこで誰に見られているかわからないことを肝に銘じよう

「深夜の残業」あるある

5

仮眠をとろうと思った次の瞬間もう朝

僕の場合、漫画やイラストの仕事は自宅での作業が基本です。なので、すぐ側に布団があります。もちろん、この原稿を書いている現在も徒歩二歩圏内に布団があります。

また最近はさらに悪化しており、「5分休憩」と口では言いながらパジャマに着がえて、はみがきをして寝る気満々で布団に入ることもあります。**「よし一段落したし、10分休憩！」なんて言って布団に入ったら最後、起きたら朝、なんなら普段よりも多めに寝ていることもしばしばあります。**

自分でも「いけないことをしているな」と感じてはいます。朝起きてあるのは完成したイラストではなく、罪悪感のみ。

しかしこの問題、人類誕生からある問題なのではないでしょうか。はるか昔の人も僕と同じように眠気に負け、狩りの準備をせず眠ってしまい朝必死にやっていたなんて妄想をしてみてください。**自分だけが同じ問題を抱えているわけではないと思えて気が紛れます。**

POINT

罪悪感にさいなまれるムダな時間を短縮してみよう

第 4 章

「今って業務時間外ですよね」のひと言が言えない

「仕事時間外」あるある

「仕事時間外」あるある

1

行きたくない飲み会の誘いを断れない

朝から仕事が絶好調に進み**「今日は定時に帰ろう！」と気持ちが盛り上がっている時にかぎって、先輩や上司からの飲み会の誘いがあったりします。**

もちろん、自分も飲みに行きたい気分であれば、きっと楽しい時間になることでしょう。しかし、そんな気分ではない日もまたあるはずです。

そんな時は無理して飲み会に参加する必要はありません。「今日は予定があって」と言えば、「ダメ、絶対参加だから」と言ってくる人はいないでしょう。

一番よくないのは「行けたら行く」という発言です。誘った人からすれば、来るのか来ないのかどっちつかずの返事が一番困ります。

誘ってくれた人にも敬意をもって対応することで、失礼なくお断りすることができるのではないでしょうか。

POINT

時には忙しい雰囲気を出すことも大切

「仕事時間外」あるある

2

酔った人の自慢話がはてしなくつまらない

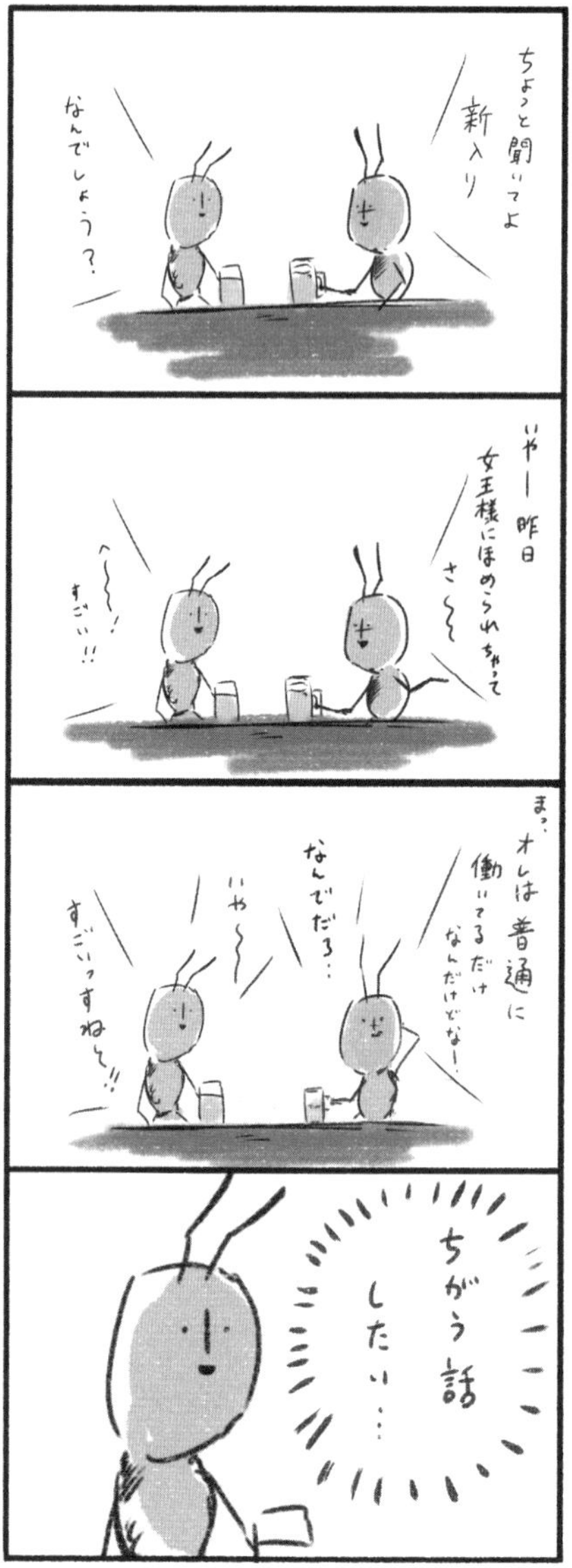

先ほど、無理して参加する必要はないと言いましたが、社会人になると避けられない飲み会がどうしてもあります。

そこでお酒が進むと飛び出しやすいのが自慢話です。僕は以前、上司の自慢話が二時間続き、軽く意識を失った経験があります。

特に後輩への自慢話は要注意。同期や先輩なら「自慢かよ」とツッコミを入れてもらえますが、後輩は気を使って何も言えません。

そのためロボットのように「すごいですね」「へー」しか言わなくなってしまい、楽しい飲み会のはずが地獄の自慢大会になってしまうのです。

飲み会で仲良くなるといいますが、同時に嫌われることもあるということを頭にいれておくといいかもしれません。せっかくの飲み会は楽しくあるべきです。

POINT

酔った人の話は右から左に聞き流しても大丈夫

「仕事時間外」あるある

3

若手が残り物を押し付けられる

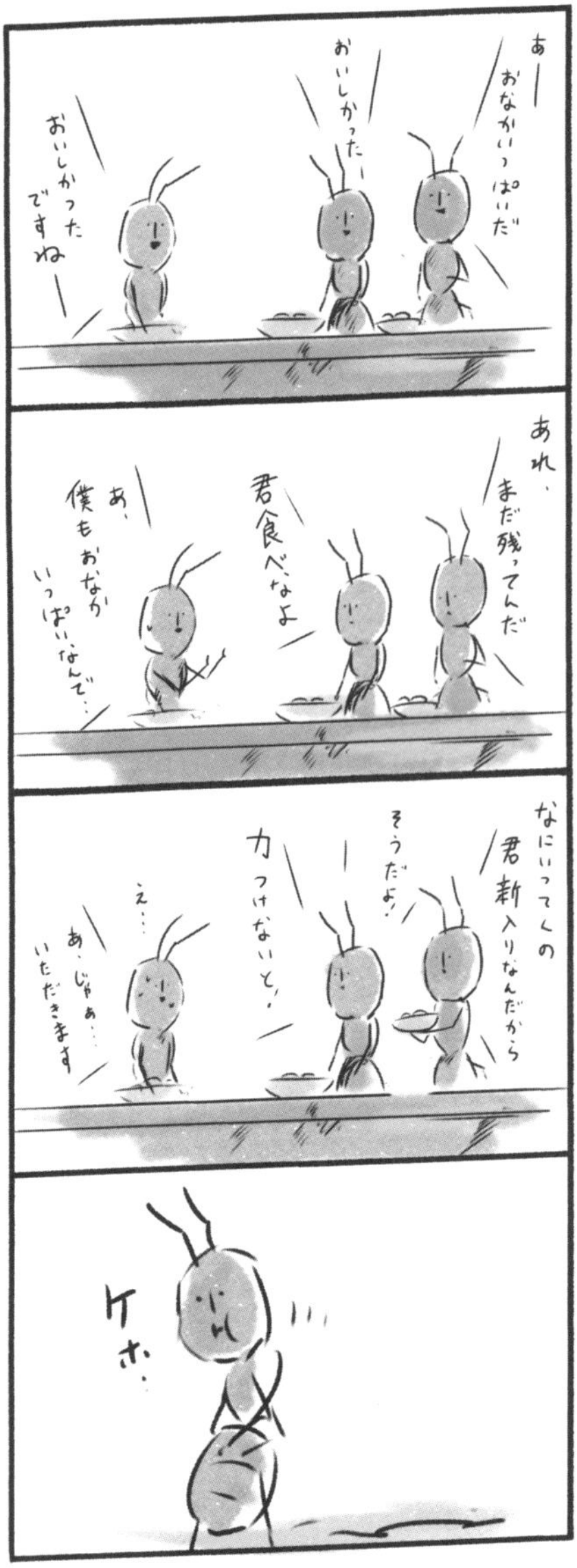

飲み会で上司からの「若いんだから食べな」のひと言は嬉しくもあり、苦しくもあります。

「ありがとうございます。いただきます！」と言って、もりもり食べるお相撲さんスタイルが理想なのかもしれません。しかし、現実は違います。

上司がいる飲み会はいつだって緊張してしまいます。そのせいで、そもそもあまりお腹がすかないことがほとんどです。また、緊張をほぐすためにお酒がすすんで、とてももりもり食べられる状態ではありません。

上司から「食べなさい」と声をかけられたら、「フハハ」と笑ってごまかし、いったん席を離れましょう。

そのまま空いている他の席に逃亡するのもよし、もし同じ席に戻っても大抵の場合は上司もそんなささいな言葉は忘れているので心配ありません。

会社は相撲部屋ではないので、あたり前ですが無理をして食べる必要はないのです。

POINT

会社は相撲部屋ではないので無理して食べる必要はない

「仕事時間外」あるある

4

新入社員への無茶ぶりがきつい

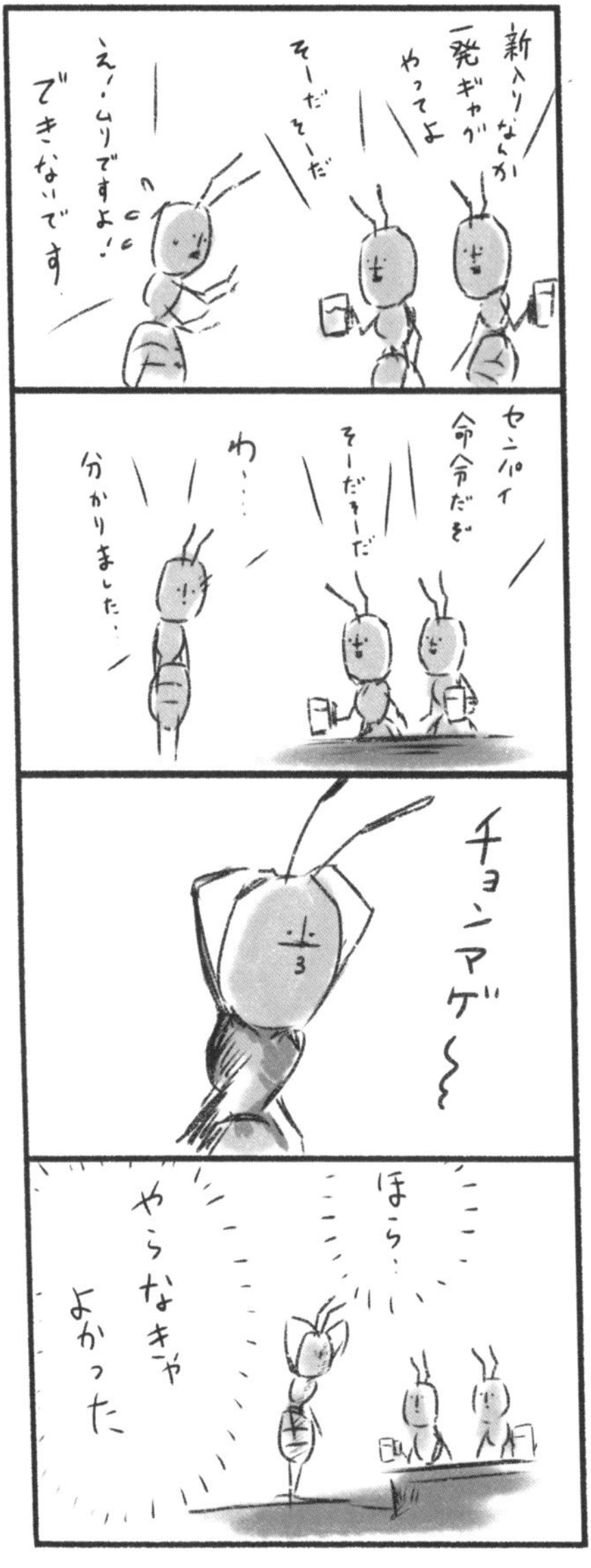

会社に入ったらまずは自己紹介をしなくてはなりません。

「私の名前はじゅえき太郎です。趣味は虫とりとサッカーです」

こんな感じですめばいいのですが、僕が最初に入った会社の新入社員歓迎会では自己紹介だけでなく、一発芸を求められました。


なにか一瞬で笑いをとれるものはないか、僕はこれまでの人生を振り返りましたが、ひとつもありませんでした。

新たに生み出そうにも、そう簡単には思い浮かばず、思い浮かんだとしてもすべるのが怖くて歓迎会の日まで毎日眠れぬ夜が続きました。

ベテラン社員からすると楽しいイベントでも、当時新入社員だった僕からすると地獄のイベントでした。

悩みに悩んだすえ、僕は手品をすることにしました。歓迎会当日まで爪楊枝を消す手品を必死に練習しました。


そしていよいよ歓迎会当日、僕が舞台裏で震えながら待つ中、いよいよトップバッターの一発芸がはじまりました。

内容は、「腹踊り＋わさび寿司」というネタ。なかなかの強者です。

そしてトップバッターが演技を終えた途端、部長が「下品だ！この企画はやめ！」と叫び、一瞬にしてこの企画は終了。

後に控えていた僕からは、普通の自己紹介でいいという流れになりました。うどんを鼻から入れて口から出そうとしていた同期は「助かった……」と腰からくずれおちていました。

どんなにやりたくなくても、新入社員が「僕はやりません」と言うことは、むずかしいものです。僕のように運よく逃れられる人も少ないと思います。

なら、どうすればいいのか。解決策は正直僕にもわかりません。

ただひとつだけ言えることがあるならば、みんなでけがをしましょう、ということです。

入社してすぐ同期で助け合ってやっていこうという時に、誰かひとりだけ傷つくという状態にならないよう気をつけましょう。

一緒になにかを乗り越える経験が、同期の仲を深めてくれるはずです。

きっと30年後には笑い話になっているでしょう。

POINT

誰かひとりだけが傷つく状態をつくらないようにしよう

「仕事時間外」あるある

5

正直、飲み会後のカラオケが苦手

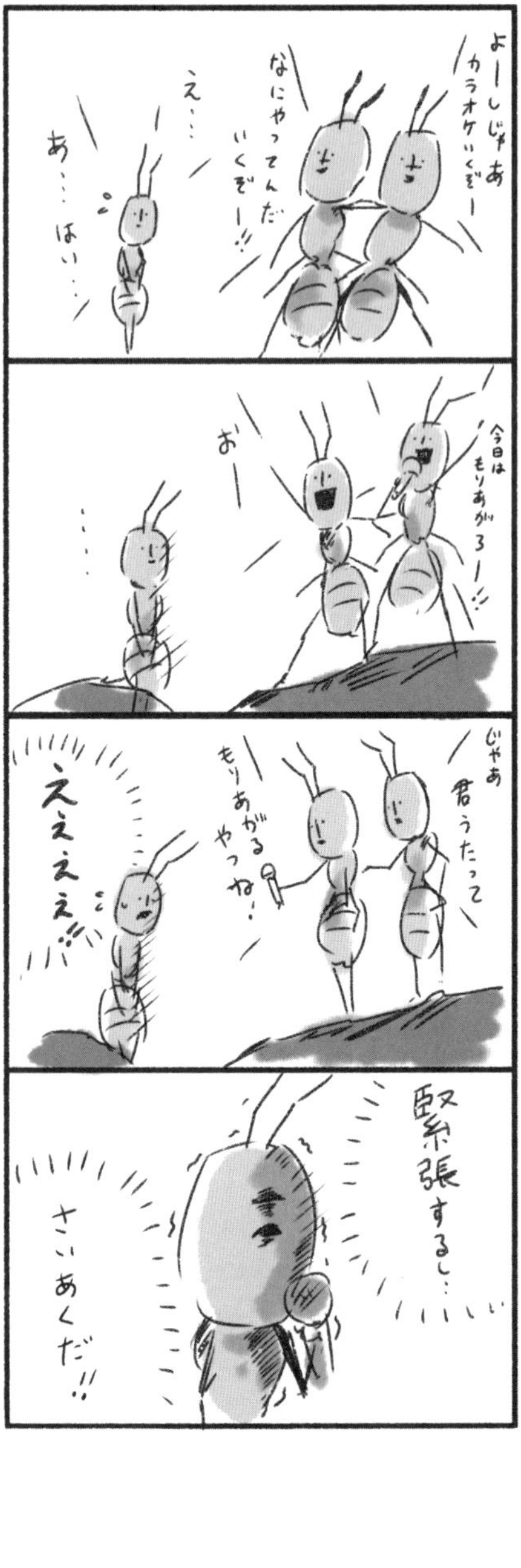

どこまで共感してもらえるかわからないのですが、**飲み会後のカラオケが苦手**です。仕事仲間と飲み会に行くのは、百歩譲ってコミュニケーションのためだと理解できます。

しかし、その後のカラオケがどうも苦手なのです。

カラオケは、室内の音量が大きく隣の人との会話もままならず、盛り上げるために、自分も歌わないといけない。この状態でどうやってコミュニケーションをとればいいのかとまどってしまいます。**会話をするには適さない環境**です。

僕は、「音楽のテストか⁉」とつっこみたくなるほど緊張して、手も足も声も震えます。

僕みたいな人にとってカラオケのいいところを挙げるとすれば、薄暗いということだけです。

忍者のように闇に紛れて気づかれないよう姿を消しましょう。ただし、必ずひと声先輩に声をかけることを忘れないように。

POINT

忍者のように暗闇に紛れて逃げよう

「仕事時間外」あるある

6

せっかくの息抜きの場も結局楽しめない

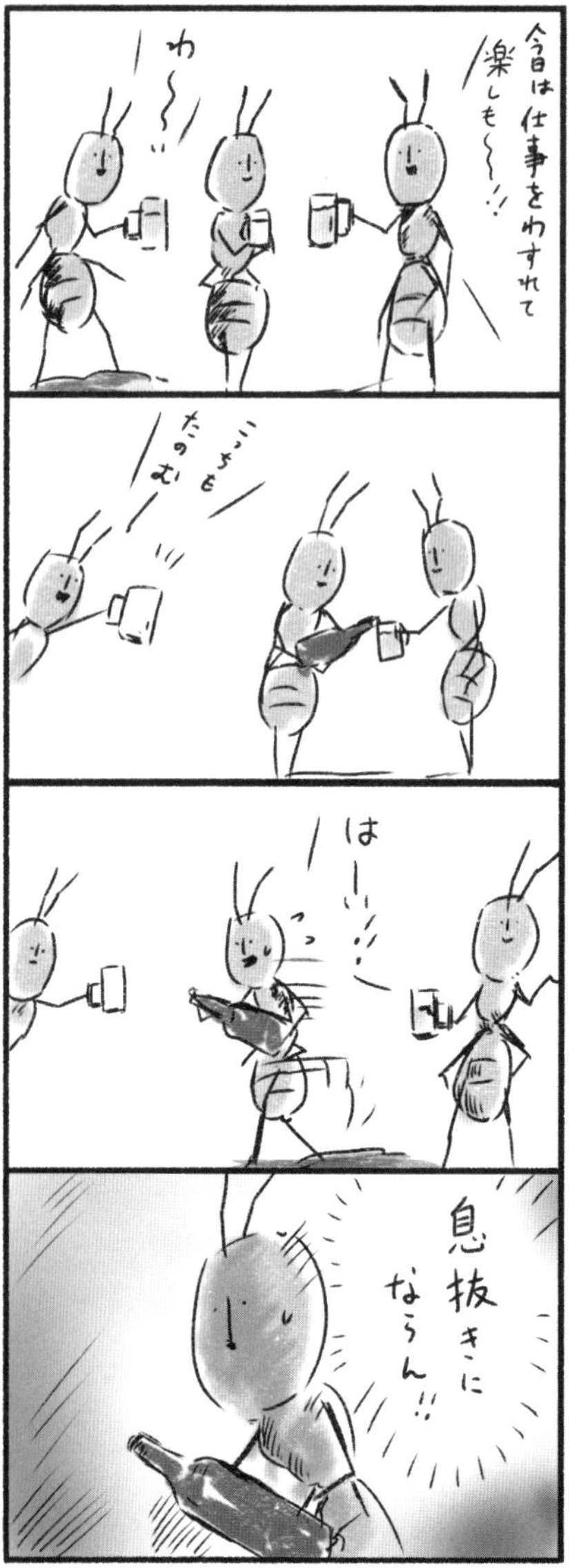

はじめに言っておきます。**この世に「無礼講」という言葉は存在しません。**

昔、お酒に酔った同僚が上司の前で下品な一発ギャグを披露し、次の日謝罪に行くところを目にしたことがあります。これは会社のイベントを息抜きのお遊びと勘違いしてしまった結果がまねいた事件でした。

たとえ、休日のイベントであっても「会社の」イベントである飲み会やバーベキューでは気を抜けません。一歩間違えれば謝罪必須の事件になってしまうのです。

僕は以前、大きな仕事をやり遂げたお祝いに、休日に上司に高級なランチにつれていってもらったことがあります。上司と一緒だとやはり緊張するもの。

そこで、「美味しいものが食べられる」や「先輩との仲が深まる」など自分にとって嬉しいポイントを見つけることで、味のしなかった食事が徐々に美味しく感じられるようになるはずです。

POINT

自分にとって嬉しいポイントを見つける

「仕事時間外」
あるある

7

休みあけの前日はなんだか眠れない

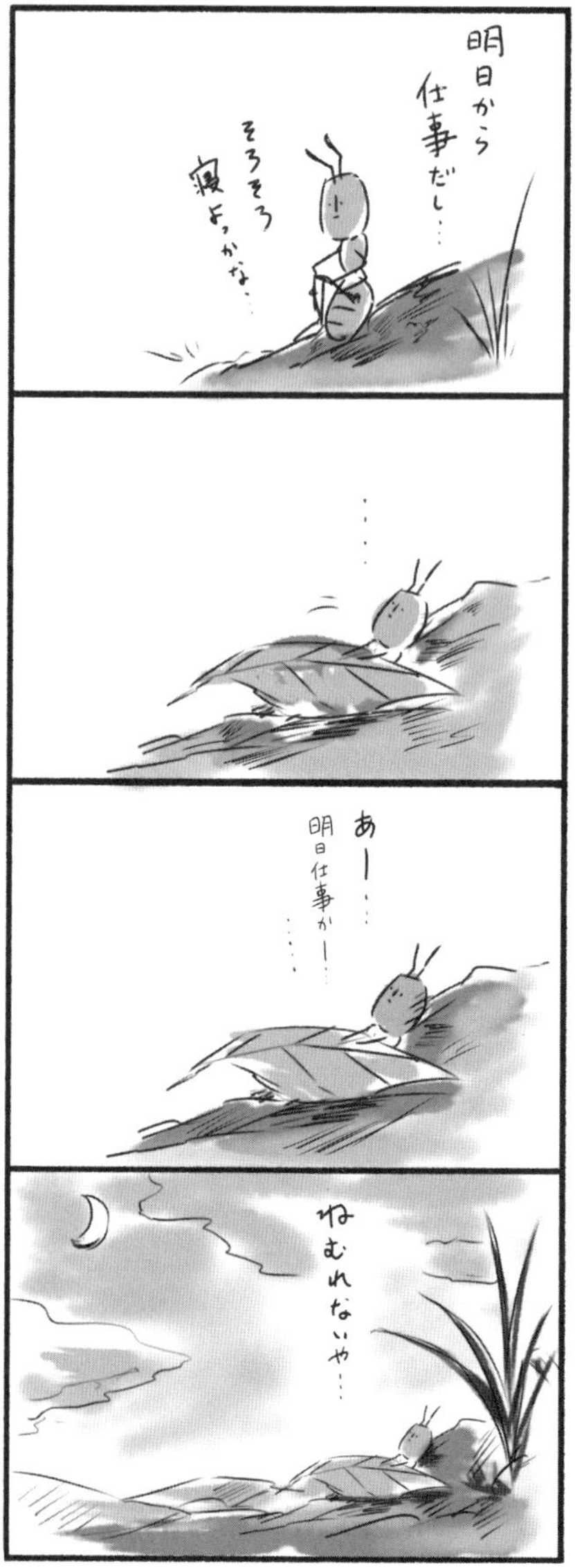

休みあけの前日は「あー、明日から仕事かー」「また、あの人に会わないといけないのか、やだなー」と考えすぎて眠れなくなってしまうことがあります。

結果、眠りにつくのが遅くなり、休みあけから寝不足という事態をまねきます。

これまで生きてきて「やったー、明日から仕事だ！」と言っている人はあまり見たことがありません。しかし、「明日から仕事だ、最悪……」と言っている人はたくさん見てきました。では、眠れない時はどうしたらいいのでしょうか。

僕がとっていた行動は頑張って考えないということです。詳しく説明すると、仕事が終わって会社から一歩外に出たら会社を自分とは無関係のただのビルだと思うよう心がけていましたが、休みあけの前も同じように考えるのです。

出勤するその直前まで好きな音楽やラジオなどを聴いて、全力で頭の中から仕事のことを追い出しましょう。仕事のことは、会社に一歩足を踏み入れたその瞬間から考えれば充分。前日から考える必要は全くないのです。

POINT

会社に一歩足を踏み入れるまで会社を知らないビルだと考えよう

「仕事時間外」あるある

8

休みを有意義に過ごせず自己嫌悪に陥る

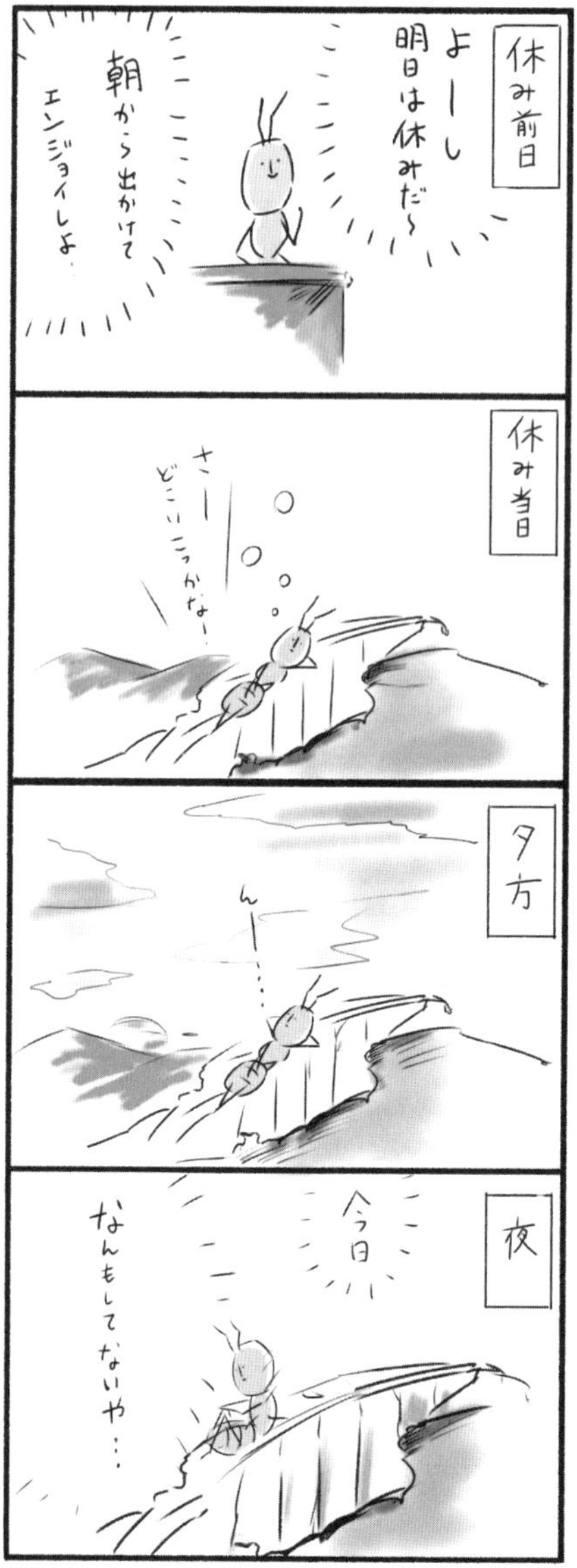

働いている時は、休日になったらどっかに出かけよう、誰かと会おう、と様々な楽しい計画を立てます。

しかし、いざ休日になるとありとあらゆることが面倒くさくなり、布団から出るのは11時過ぎ、そこからふと気づくと夕方になっていたなんてことがよくあります。

この現象を僕は「めんどくさ現象」と呼んでいます。

「めんどくさ現象」が起きている最中はなにも感じないのですが、夜になると突然反動がきて「大切な休日1日ムダにしたなー、最悪だよ」と自己嫌悪に襲われます。

そんな時は「めんどくさ現象」が起きていた時の自分を許してあげましょう。

終わってしまったことは仕方がないのです。まわりから「1日、寝てたの⁉」と驚かれても、**「なにが悪い」というオーラを出し凛々しい顔でやり過ごすのがおすすめです。**

POINT

「めんどくさ現象」が起きていた時の自分を許してあげよう

「仕事時間外」あるある

9

まわりが休みなのに自分だけ休日出勤

スーパーホワイト企業で働いている人はとばしてください。

しかし、この本をここまで読んでくださった人の多くは、休日出勤の経験が多かれ少なかれあるのではないでしょうか？

家族連れが遊園地に向かう電車、あるいはやけに空いている電車で会社に向かう悲しみは、まさにドナドナの気分。

車内でまわりを見るとみんなはピカピカの笑顔、自分は平日同様の真顔。

しかし落ち込みつづけても仕方がありません。休日出勤のいい点を見てみましょう。たとえばメールや電話が少ないという点です。

つまり、**集中してたまった仕事をこなすチャンスでもある**のです。

とはいえ、やはり休日を奪われるのはきつい。なんとか自分をごまかし休日出勤のいい点を見つけ出し乗り越えましょう。

そして、しっかりと振りかえ休日をもらうのです。

POINT

休日の会社は電話もメールも少なくて仕事がはかどる

「仕事時間外」あるある

10

携帯があると休日もなにも関係ない

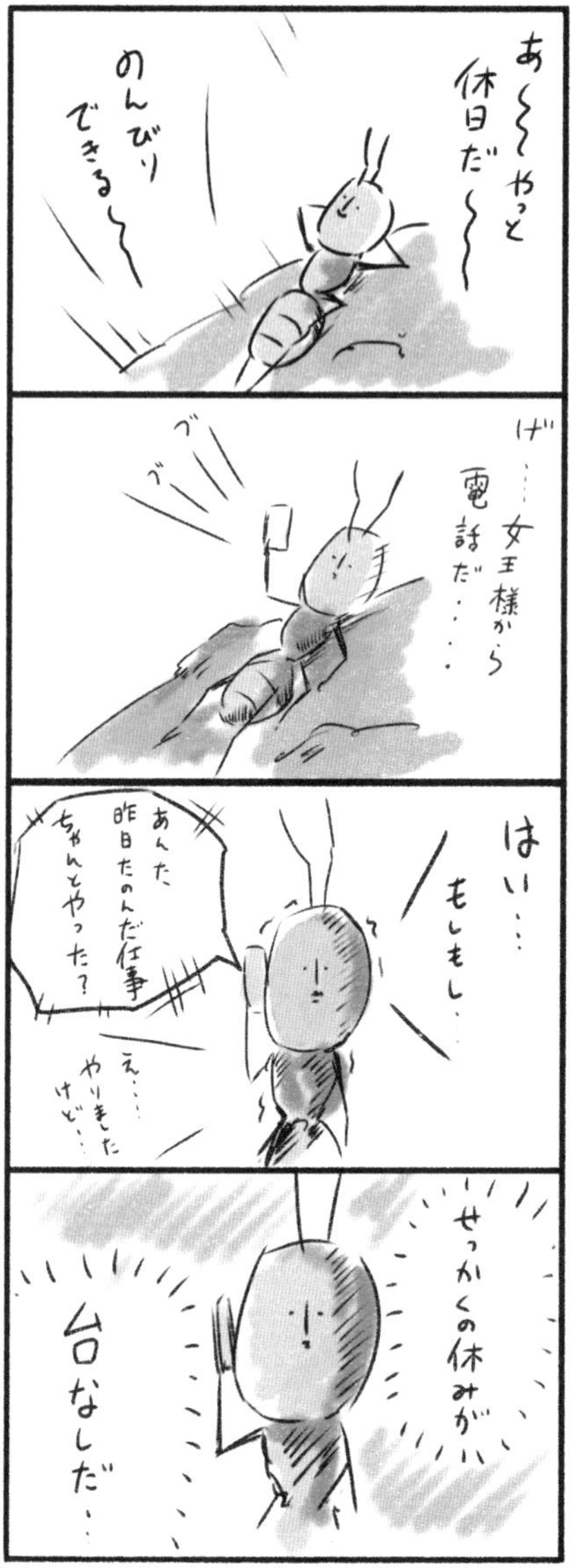

1週間に約2日間の大切な休日、仕事のことは1ミリも考えたくありません。

僕は、会社から一歩外に出たら自分の会社を全く知らないただのビルだと思うよう心がけていました。

そのように会社と私生活を切り替え、徹底して充実した休日をおくろうとしている僕に対して、一気に会社モードにしてくる恐怖の機械があります。


それは携帯電話です。


携帯電話は恐ろしい道具です。たしかに友人や家族と使う分には便利でつながりを感じられていいものなのですが、**電話番号を会社の上司やお客さんに教えた途端、会社とも24時間のつながりをもってしまう**のです。

番号を教えないという作戦もあるのですが、上司から「電話番号教えて」と言われたら、「嫌です」とはなかなか言えません。

だからといって「携帯もっていません」や「今、携帯壊れています」などの嘘は、ふとした瞬間に使っているところを見られたら、バレて気まずい生活がスタートしてしまいます。

つまり、ほぼ番号を教えるしか選択肢はないのです。

想像してみてください、平和な休日に「ボケーッ」とテレビを見ている時に、突然携帯が鳴り、画面に上司の名前が出てくることを。休日終了の合図です。

僕は、くつろいでいる体勢から瞬時に立ち上がって、電話に出ます。無意識に姿勢を正してしまうくらい、上司からの突然の電話は緊張が走るものです。また、電話を切ったあとの疲労感はとても数分の電話とは思えません。

たとえ着信を無視したとしても、「なんの電話だったんだろう」「なんかやっちゃったかな」という不安が休日を邪魔して、おちおち休んでもいられず結局かけ直すはめになります。

僕は以前、久々の休日に遊園地に遊びに行き、仕事を忘れ友人たちとはしゃぎまわっていました。

日も暮れはじめた頃、パレードの席とりも上手くいき、最高の一日になると確信して写真を残そうと携帯を見てみると、会社からの鬼のような着信履歴。

夢の国から、一気に現実の社会に逆戻り、僕は席を離れできる限り静かなところに移動し電話しました。

お客さんとのトラブルでした。その電話は一時間ほど続き、上司からの説教が終わった頃にはパレードも終了していました。

僕は今でも、上司と電話をしながら見上げた、美しい花火を覚えています。

POINT

休日の連絡が気になってゆっくりできないなら早めに対応してしまおう

「仕事時間外」あるある

11

会社が家から近すぎて、すぐ呼ばれる

家から会社まですぐというのはいい点と悪い点があります。

いい点は、出勤時間ギリギリまで家でだらだらできる点と、退社から帰宅までが瞬間移動のように一瞬である点。

自分の時間が増えて最高なのですが、反対に悪い点は、会社にすぐ呼び出されるということです。

僕も会社のすぐ近くで一人暮らしをしていた経験があります。

仕事が終わり自宅でくつろぎながらテレビを見ていると、上司からの突然の電話。なにか自分のミスで、会社が大パニックなのかと思い、慌てて電話に出ると「悪いんだけど資料をファックスしてくれ」とただの雑用指示の連絡。

こんなことが頻繁にありました。また**隣の部屋に住む同期も同様の雑用を頼まれており「ここはパシリの館か！」と怒りながら、いつも会社に走っていました。**

そんなことが起きる会社ばかりでは決してないと思いますが、会社の近くに住んでみようと考えている人は、一度よく考えたほうがいいかもしれません。

POINT

メリットがあればデメリットも必ずあるはず

「仕事時間外」あるある

12 自分の会社が休みでも取引先が休みじゃないと休めない

多くの会社の場合、週2日の休みは土曜日と日曜日です。

しかし必ずしも全ての会社が土日休みなわけではありません。シフト制の会社もあれば、週の中日が休みの会社もあります。

困るのは、自分の会社が休みでも取引先が働いていると、それに対応しなくてはならないということです。

特に、相手の会社が自分の担当だと無視することはできません。休日にも対応してくれたと喜ばれるかもしれませんしね。

ただ、僕はそこまでする必要はないと思います。休みは休み。こちらには、「休日だった」という大義名分があるのです。

POINT

無理して相手に合わせる必要はない

「仕事時間外」あるある

13

歳を重ねると遊んでくれる友達が減る

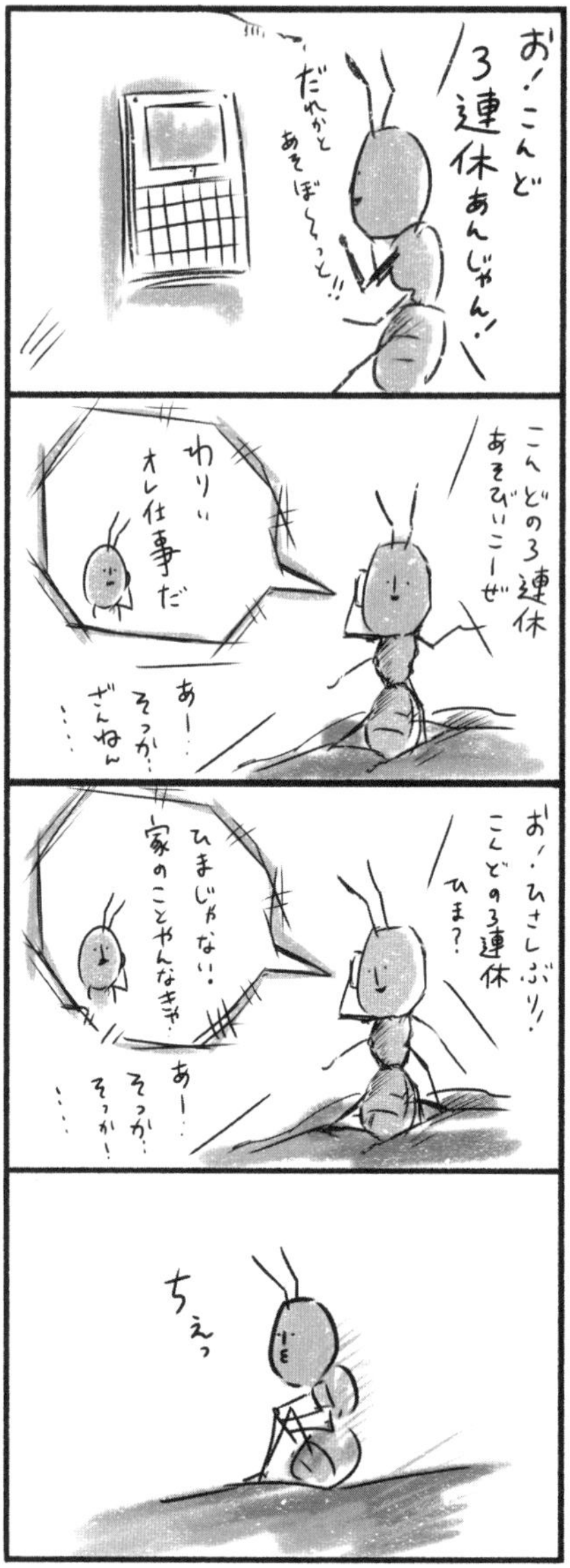

ようやくきた休日に誰か暇かな、と連絡をとって簡単に集まれる仲間は歳をとるごとにどんどん減っていきます。

理由は様々で、休日が合わなくなったり、家庭があったり、仕事が忙しかったり、転勤で家が遠くなったり、現在の僕もそんな状況で、友人と出かける機会はどんどん減っているように思えます。

そんな時、寂しいな、とうずくまっていてはいけません。

ひとりでも楽しめることを見つけましょう。

僕のおすすめは、絵を描くことです。なぜ絵がいいかと言うと、絵は暇であれば暇であるほど、時間をかけることができていい絵が完成するからです。

僕は大学生の夏休みに全く出かける予定もなく、このまま寝てばかりいたら、砂となって消えてしまう恐怖に襲われました。

そこでその超絶暇な時間を利用して、大きな紙に色鉛筆で細密画を描いてみたのです。

毎日毎日、描きます。なぜなら暇だから。そしてとても丁寧に描きます。失敗したら消してやり直せばいいのです。なんせ暇です。時間はたっぷりあります。

そして夏休みの終わりに暇な時間をフルに使った絵画は完成し、たまたま見つけた絵画作品展にその絵を出したところ、最優秀賞を受賞することができました。

あらゆることにおいて、暇というのはものすごい武器になると思います。

スポーツや勉強など、自分の暇をなにかに費やすことで、得るものがあったりするのです。

「誰も遊んでくれなくて暇」という発想から、「なにか楽しい暇つぶしを見つける」という発想に変えると、暇も暇ではなくなりどんどん楽しくなるのではないでしょうか。

POINT

暇な時間は、自分のスキルを磨く時間に変えられる

第 5 章

人はどうしても働かないといけないのか

「就職・転職」あるある

「就職・転職」あるある

1

一生ここで働くのか、と不安になる

毎日朝から晩までせっせと働いていると、不意に「本当に一生ここで働くのか」という気持ちになってしまうことがあります。

そういった思考になってしまうのは、大概仕事が上手くいっていない時ややりがいが感じられない時ではないでしょうか。仕事が上手くいっていない場合は、成果が出せれば、心境の変化が生まれるのでその時を待つという方法があります。

しかし、やりがいを感じられない場合はなかなか大変です。

ほんの少しでもその会社で働けて楽しいな、と思えたらいいのですが、全くダメだ、と辛くなった場合は無理せず転職も考えてみましょう。

その際、今の会社のどんなところが自分に合わなかったのかを分析して、次の会社で同じような思いをする可能性を少しでも減らしましょう。

あまり自分にプレッシャーをかけすぎず、自分らしく働けるところを今一度探してみてはいかがでしょうか。

POINT

転職を考えることは決して悪いことではない

「就職・転職」あるある

2

新入社員研修がどこかおかしい

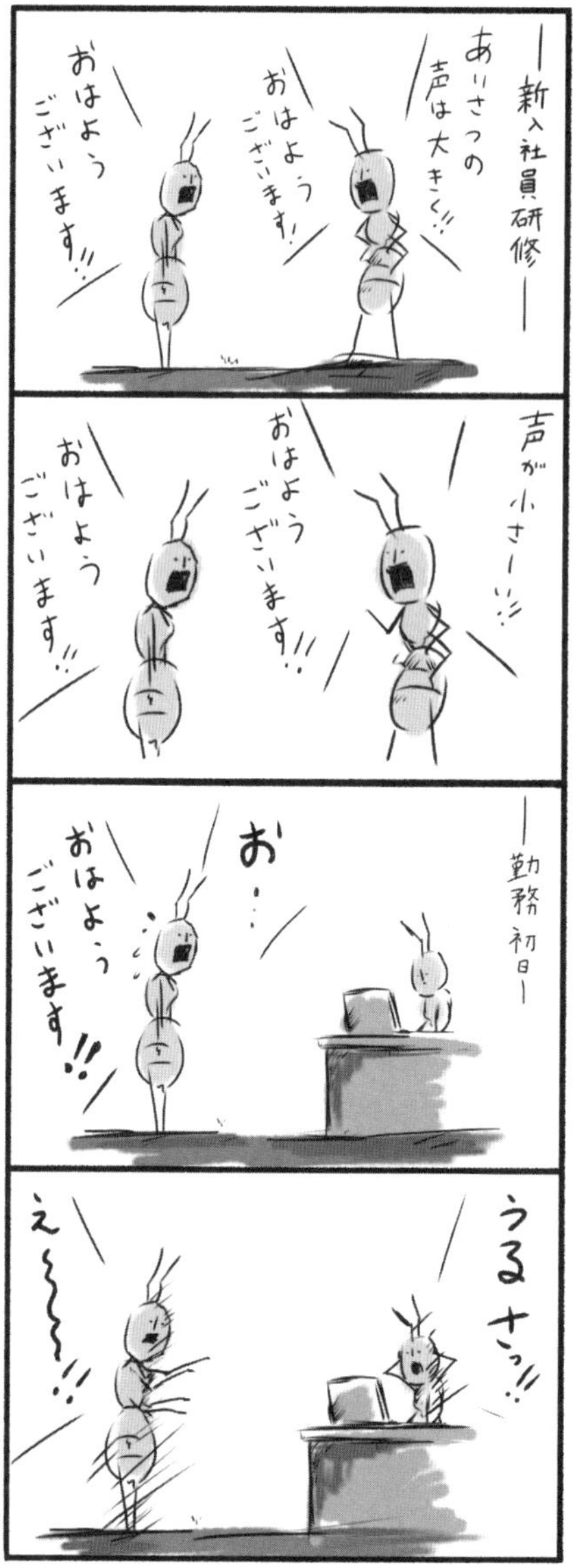

どの会社でも研修は多かれ少なかれあると思います。**研修は、新入社員にとって社会人として必須となるビジネスマナーやスキルを学ぶための大切な時間**です。

僕が初めて働いた会社はとてもマナーに厳しく、新入社員研修ではおじぎの角度から身だしなみまで厳しく指導されました。

特に、挨拶の練習が厳しく、朝から晩まで大声でひたすら挨拶を繰り返し、合格をもらうまで帰ることもできませんでした。

そして、厳しい研修も終わり配属初日、研修で必死に練習した大声での挨拶をすると、上司から「うるさい！　普通に挨拶しろ！」と怒られてしまいました。

はたして一週間の研修はなんだったんでしょうか。

どうやらあれは**挨拶の練習ではなく、学生気分をなくすための訓練だった**のかもしれません。

研修には一見わからない意図が隠されていることがあるようですが、上司にうるさいと言われた時はものすごい衝撃でした。

POINT

一見わからない意図が隠されていることもある

「就職・転職」あるある

3

自分が本当にやりたいことがなにかわからない

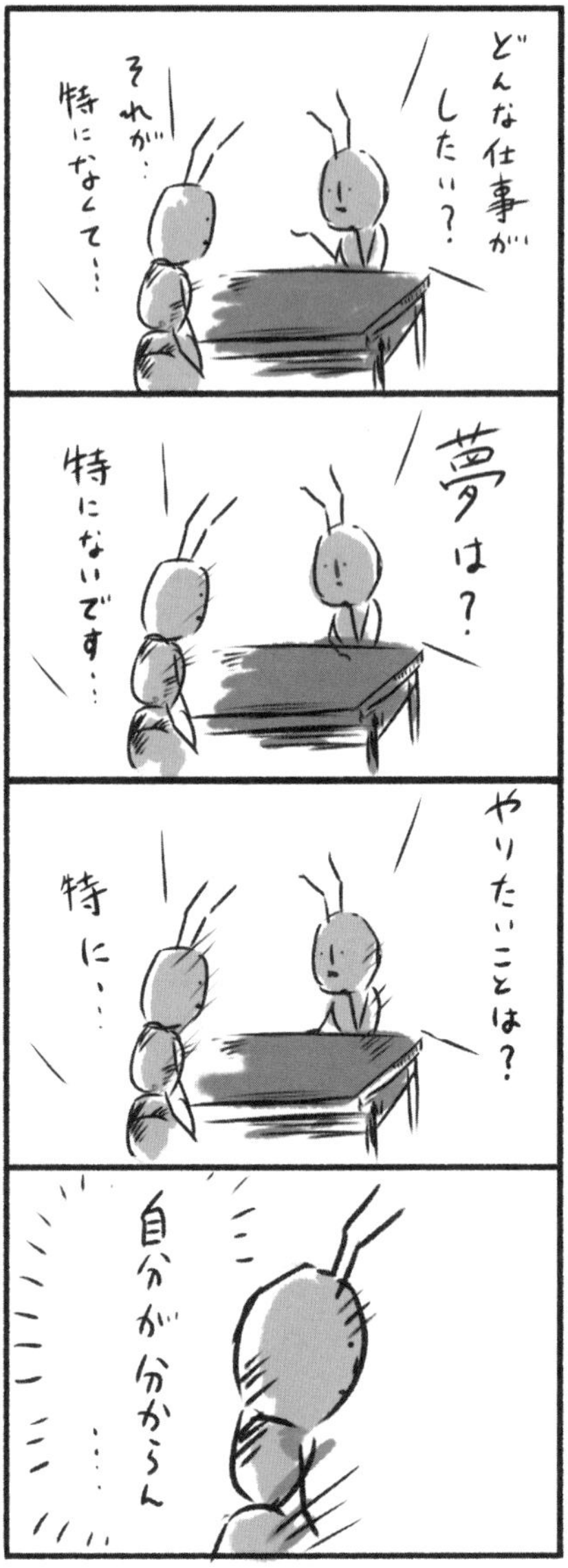

今の仕事は嫌だけど、やりたいことがわからない、なんて話をよく聞きます。そんな人はめちゃくちゃ暇な時、自分はなにをするかを考えてみましょう。

前にも書いたのですが、僕は学生時代の夏休み、「友人と遊ぶ」とか「どこに行く」とかの予定が全くなく、体が溶けるんじゃないかと思うくらい寝ていました。あまりに寝すぎて、寝ることにも飽きてしまった時、絵を描きました。

その時、僕は絵や漫画を描くことが好きなんだなと実感しました。

溶けるほど暇になった時、たとえば「ジムに通ってみよう」とか、「映画を見に行こう」とか「本を読んでみよう」とか、**そんな暇つぶしで行う行動の裏に実は自分がどんなものに興味があるかを知るヒントが隠されているような気がします。**

たとえば、映画が好きなら、「映画を撮る人」「映画に出演する人」「映画を編集する人」「映画を売る人」「映画を宣伝する人」など幅広い仕事があると思うので、その中でまた一番やりたいことを選んでみてはどうでしょうか。

POINT

極限状態まで暇になった時に自分がしたいことを考えてみる

「就職・転職」あるある

4 まわりの人間がみんな有能そうに見える

就職、転職活動中、会社説明会や面接の場に行くとそこには想像を超える数のライバルたちがいます。

しかもみんな自分より有能そう。そんな**相手を見ていると「自分はやっぱりダメなのかも」と弱気になりがち**です。

しかし、大丈夫。相手にもきっと自分のことが有能そうに見えています。**同じリクルートスーツを着ているのに隣のリクルートスーツはピカピカに見えるみたいな感じ**です。なので全く恐れることはありません。

ただし面接官はありのままの僕たちを知りたいと思っています。素直な姿勢でいれば、相性のいい企業と出会えるはずです。

POINT

まわりにも自分のことが有能そうに見えているので恐れることはない

「就職・転職」あるある

5

転職先が今よりさらに悪い会社かもしれず転職に踏み切れない

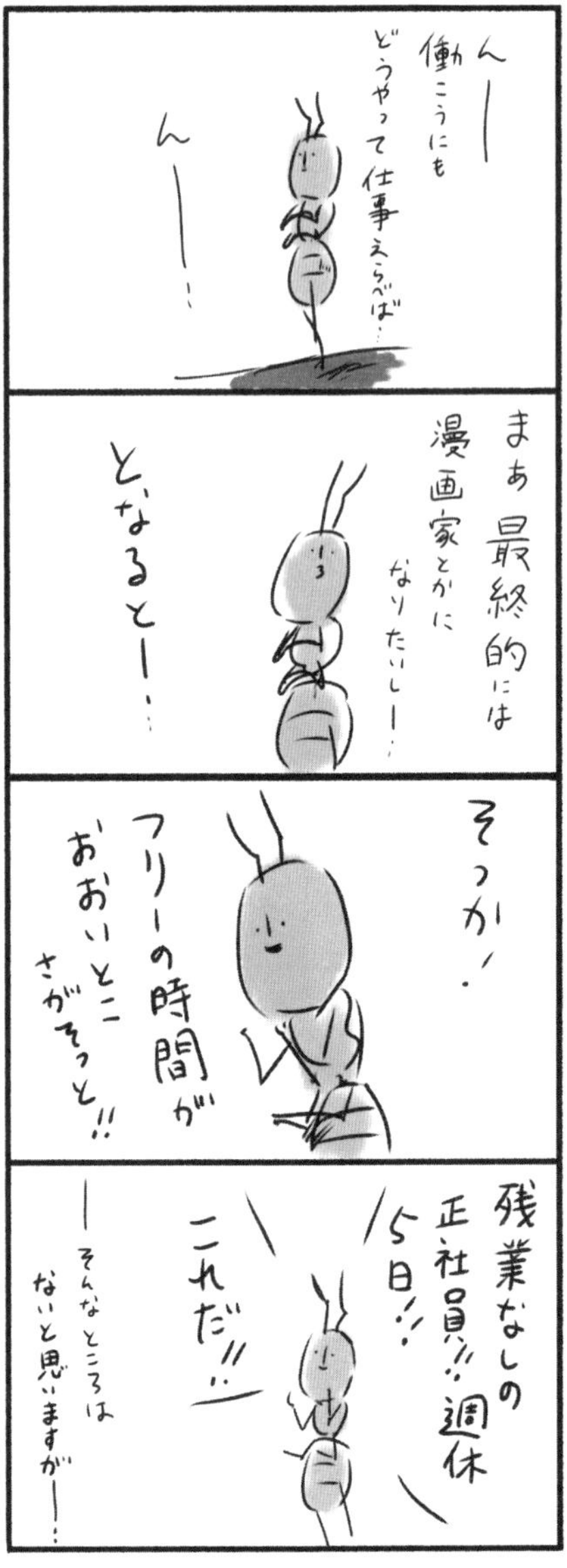

僕は社員数10人もいない小さな会社や1000人を超える大企業などの会社を経験しました。

転職の理由は人それぞれだと思いますが、僕が転職した理由は、少しでも自分の目標に近づける会社で働きたいと考えたからです。

僕はイラストレーターを目指していたので、まず、絵を描く時間がとれる残業が少ない会社に転職しました。

会社に勤めるイラストレーターがどんな働き方なのかを学ぶためです。

「残業時間が少ない」「特定の業種の人間がいる」など、自分がどうしても譲れないポイントを明確にした結果、転職活動もはかどりました。

イラストレーターになる目標を捨てずに就活をすることで、夢を諦めずに働けました。自分にとって譲れないポイントを明確にすることで、**納得のいく転職ができる**のではないでしょうか。

POINT

自分がどうしても譲れないポイントを明確にする

「就職・転職」
あるある

6

転職したいけど忙しすぎて そんな余裕がない

毎日朝早くから、夜遅くまで働き、休日も出勤して、転職活動をする時間が全く見当たらない。僕の職場はそうでした。

そんな状況でもメリットはあります。それはお金が貯まるということです。休日も仕事なのでお金は減ることもなく、僕は2年もすればちょっとの期間働かなくてもすむくらいお金が貯まりました。超大型連休のスタートです。

こうして僕は、会社を辞めて、貯金を切り崩しながら転職活動だけに専念しました。**忙しさを言い訳にせず、忙しい時は忙しい中でできる作戦に切り替えましょう。**

転職をしようっかな、ともし悩んでいたら、貯金から始めてみてはどうでしょう。お金があると、転職のタイミングや期間など、自分に選択の余地を与えてくれるはずです。

POINT

忙しい時は忙しい中でできる作戦に切り替えてみよう

「就職・転職」
あるある
7

転職したくても家族の同意が得られない

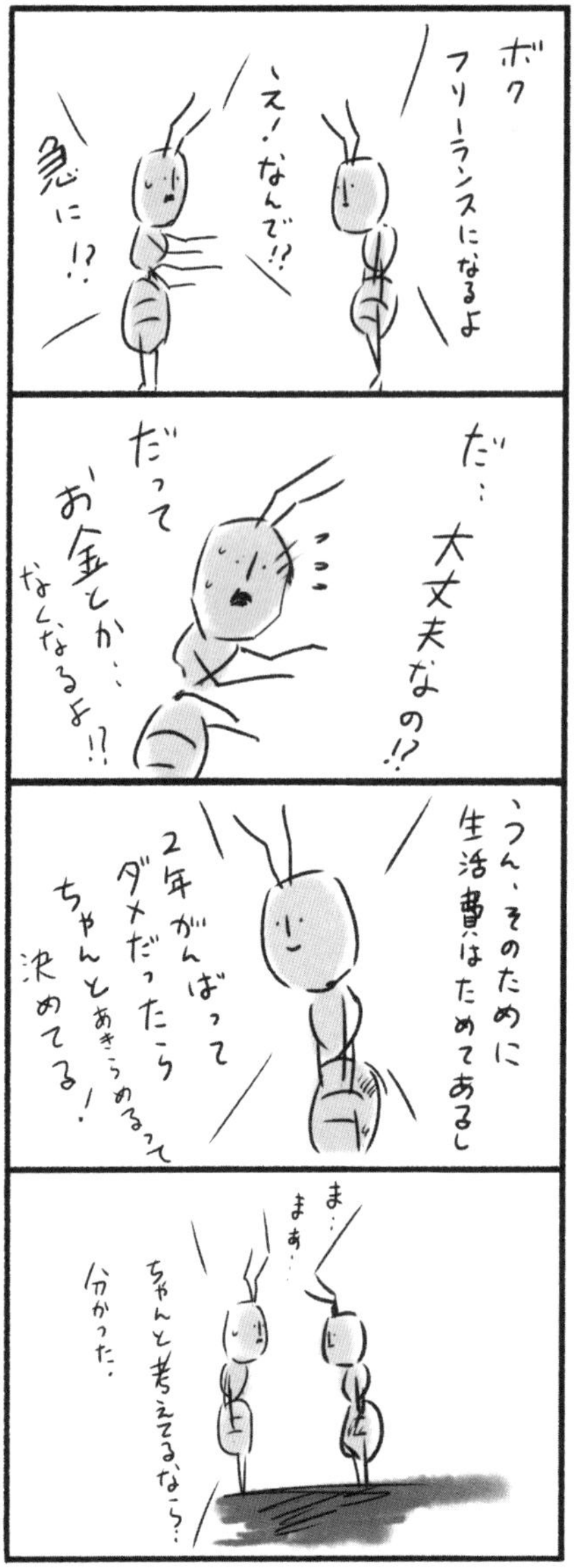

「嫁ブロック」という言葉をご存じでしょうか。これは、既婚男性が奥さんに転職や独立を阻止（ブロック）されることをいうそうです。僕は幸か不幸かまだ結婚をしていないため「嫁ブロック」を受けることはありません。

しかし、**会社員を辞めてフリーランスとして働きたいと両親に報告した際、もし反対されたらどうしようかと少し緊張**しました。

家族の同意がなくても転職なり独立なり本当は自由にできるはずなのに、**心のどこかで一番身近な存在に背中を押してもらいたくなる**のが人間なのでしょうか。**説得のためには、たとえばわかりやすい「期限」を設けるといい**かもしれません。

僕の場合、貯金額を伝え、2年間フリーランスとしての収入だけで生きていけなければ、フリーランスは諦めて再度就職をすると言って両親を説得しました。自分のやる気をただ叫ぶのでなく、自分で決めたルールを伝えることでまわりは理解してくれるはずです。

POINT

「期限」や「情熱」でまわりに同意してもらおう

「就職・転職」あるある

8

入社前に聞いていた話と違いすぎる

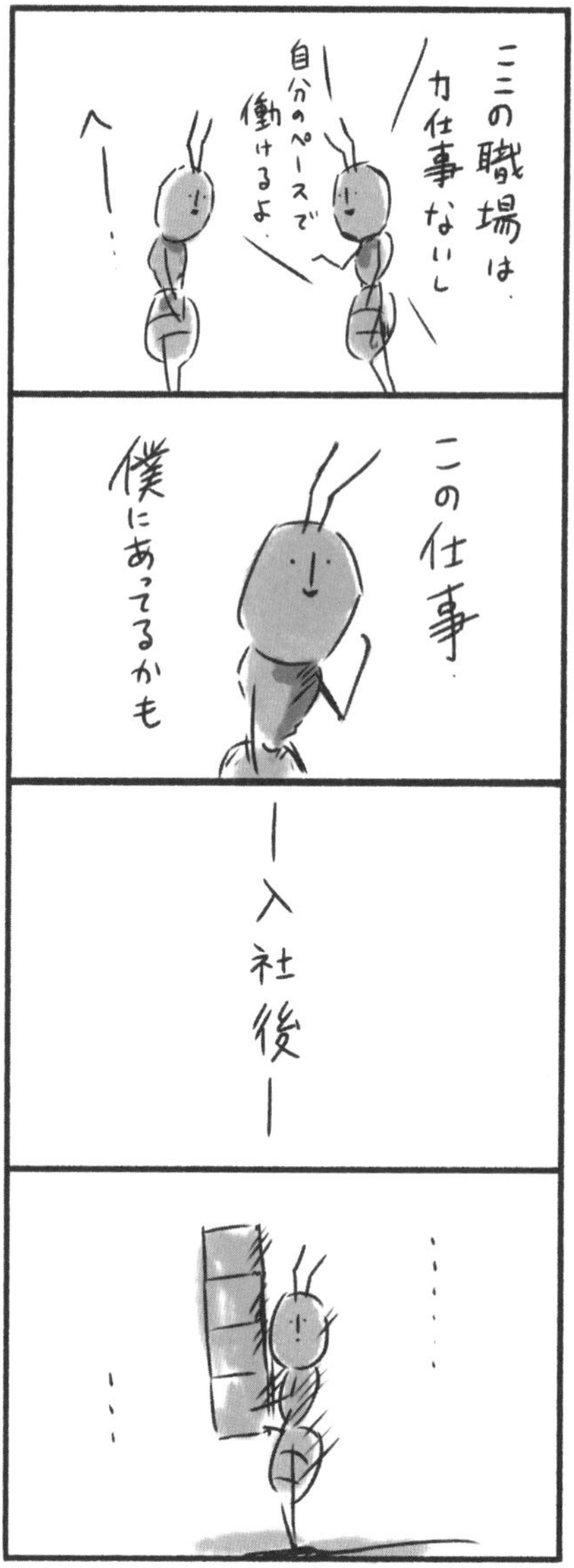

リクルートサイトに「しっかり休める」「和気あいあい！　笑顔があふれる職場！」なんて書いてあっても、いざ入社すると思ったように休日がとれなかったり、地獄のような空気が流れていることもあるそうです。

僕がこれまで経験してきた職場は、空気こそ地獄ではありませんでしたが、休日が記載されている内容より極端に少なかったことがあります。

先輩の中には365日連勤という伝説をもつ人がいたほどで、その話を聞かされた僕ら新入社員は入社前に聞いていた話と全く違うことを突然に知らされ、かなり震えあがりました。

それから同期で食べる昼食の時は、「ちょっとこの会社おかしくないか？」という話題で毎日もちきりでした。

しかし、入社したての僕らが会社の体質を変えることなどできません。

僕や同期は、入社したばかりの会社に見切りをつけ、一生働く職場ではなく転職のための資金調達先と考えることにしました。

一生働こうと決断し入社した会社でしたが、休日なしではやはり辛い……。

よくよく調べてみると、この会社の離職率は聞いていたものよりはるかに高かったのでした。僕が入社前に聞いた話は、ほとんど役に立たなかったのです。

もし納得いかなければ、無理に会社に合わせる必要はなく、転職も選択肢のひとつに入れたほうがよいかと思います。

無理が続くと体を壊してしまいます。

こんな失敗がないように、就職や転職の時にはその会社を徹底的に調べましょう。離職率や残業時間などちょっと聞きにくい情報が、いざ働くときには重要になってくるはずです。

臆さず納得いくまでガンガン聞いて、できる限り失敗の可能性を減らしていきましょう。

POINT

無理に会社に合わせる必要はない

第6章

好きを仕事にするのと引き替えに払う代償とは

「フリーランス」あるある

「フリーランス」あるある

1

ひとりで仕事をしているため一日中誰とも話さない

僕のようなフリーランスによくあることですが、ひとり部屋にこもって仕事をしていると、いつの間にか夜になり一日中誰とも話をしないことがあります。

僕はたまに「あー」とか声を出してみて、声が出るか確認することさえあります。

そんな時の対策としておすすめなのが「ペットの飼育」です。

僕のおすすめはカエル。本当は昆虫と言いたいところなのですが、昆虫は意思を感じにくく、餌を与えるのみの関係になってしまいがちです。

カブトムシの幼虫は、ほとんど土の中から出てこないので、コミュニケーションは絶対にとれませんし、クワガタも木の裏にいてあまり顔を出してくれません。

しかし、**カエルは餌をあげようとすると寄ってきて、餌もピンセットで与えるので、なんとなくコミュニケーションがとれている**気がします。

「ほらご飯だよー」なんて言うことはさすがにないのですが「お、食べてる、食べてる」くらいでも**他者の存在を感じると、少しだけ元気が出たりする**ものです。

ちなみに、僕が飼っているカエルはモリアオガエルです。

POINT

意思を感じられるペットとの共同生活がおすすめ

「フリーランス」あるある

2

あたってくだけろ、は意外とくだけなかったりする

フリーランスが最初にぶち当たる壁は、やはり仕事がないということです。

僕もお金がもらえるイラストレーターになるには、まずどうしたらいいのかサッパリわからなかったので、ひたすら毎日絵を描き、絵の上達をはかっていました。

しかし、**たとえどんなに上達しても誰にも見せないのでは全く意味がありません。**

そこで個展をやってたくさんの人に絵を見てもらおうとしました。

当時、個展には大勢の知り合いがきて、絵を褒めてくれて、まあまあ成功したイベントかな、なんて考えていました。

しかし、イラストの仕事には全くつながりませんでした。

それもそのはずです。自分の知り合いに絵を見せても「絵が上手になったね」という反応をもらえるだけで、それ以上の発展はなにもないのです。

これではいけないと思った僕は、知り合い以外の人に絵を見せるべく、大勢の人が集まるイラストの見本市に出展することにしました。

会期は3日間で、5万円ほどのお金がかかってしまいましたが、「初期投資だ！」と叫びながら払いました。その結果イラストの依頼が数点きたのですが、いただいたギャランティーは合計で8000円ほどでした。

このイベントに毎回出展しつづけることも考えたのですが、儲けは少ないのに、5万円の投資ばかりがかさんでいき、赤字が続けば貯金がなくなってしまいます。

そこでどうにかお金をかけずにイラストを見てもらうことができないか、と考えた僕は、出版社への売り込みの電話をかけまくりました。

しかし、ほとんどは「絵のコピー（ポートフォリオ）などを郵送してください」と言われてしまい会ってもらえませんでした。

出版社にはキャリアを積んでからもう一度チャレンジしようと決めて、まずは自分が普段参加していた昆虫のイベントのチラシ制作をさせてもらおうと思いつきました。

とはいっても、出版社とは違い会社ではないので電話番号もわかりません。僕は、あたってくだけろ精神でイベントに直接行き、会場のスタッフに「このイベントの主催者の方いますか？」と聞いてまわりました。

そして、ようやくたどり着いた主催者に直談判。

「なにかイラストの仕事やらせてもらえませんか？」と言うとちょっと引かれまし

たが、必死に説明すると意外と理解してもらえました。

そしてラッキーなことに、その日から半年に一度、チラシ制作で1万円のお仕事をもらえるようになったのです。

一度仕事をつかめると、そのあとの売り込みもどんどんやりやすくなってきます。「プロなんだな」と思ってもらえるからです。

このように**「あたってくだけろ」の気持ちで自分を売り込んでみると、思ったよりも相手が話を聞いてくれる**ことがあるのです。

POINT

「あたってくだけろ精神」で自分を売り込んでみる

「フリーランス」あるある

3

休日は自由自在、しかしそれに甘えるとただの無職

フリーランスを想像してみると、「毎日会社に行かないなんて最高じゃん」と思いませんか？　実は僕も会社員の時はそう思っていました。

一般的な会社員であれば、毎日7時に起きて9時から働き、残業で21時に退社して、週に休みは2日。

それに対して**フリーランスは起きる時間は自由、仕事の終わりも自由、休日も自由。なんだか最高の生活に見えます**よね。

しかし、なってみて初めてわかったのですが、そんなに楽ちんではないのです。

なぜなら、**ぼーっとしているとすぐ無職になる**からです。

僕の感覚だと無職とフリーランスは、つねに紙一重です。めちゃめちゃ売れている人は別として、サボると簡単に収入はゼロ。

なので、自ら営業し、自己管理をして、働く時は働く、休む時は休むなどちゃんと気をつけて働くことがフリーランスには求められるのです。

POINT

つねに「無職」と危機感をもって自己管理しよう

「フリーランス」あるある

4

締め切りがヤバい

子どもの頃は漫画家やイラストレーターが、「締め切りがヤバい」なんて言っているのを見て「売れっ子の証だ」なんて目をキラキラさせ憧れていました。

そんな僕も現在「締め切りがヤバい」とつねに言っています。誤解しないでください。決して僕が売れっ子になれたわけではないのです。

売れっ子でなくても、締め切りは怖いものになるのです。

どういうことかと言うと、たとえば「来月までにイラスト50点お願いします」なんて言われて「1日2個以下か、余裕だな」なんて感覚で、仕事を引き受けても自己管理ができないと、最後の1週間、寝る時間を削り、全ての予定をすっとばし、溜めこんでしまった仕事をすることになりかねません。まさに、夏休みの宿題状態。

そして不意に「締め切りが」とつぶやく僕。しかし**僕が幼い頃に憧れた売れっ子作家さんが言っていた「締め切りが」とは重みが全然違う**のです。自己管理をしっかりして売れっ子になり、かっこいい「締め切りが」を言いたいものです。

POINT

締め切りは計画的に守ろう

「フリーランス」あるある

5

自分の名刺がショボいと不安になる

フリーランスになると会社から名刺が支給されるわけではないので、自分で名刺を作ることになります。僕は名刺にお金をかけたくなかったので、自分の家のプリンターで大量に印刷しました。その名刺をポケットにしまい、いざ営業に出発。自信満々に売り込みに出かけ名刺交換をすると、自分の名刺の紙の薄さとダサさに驚きました。

思わず叫びたくなるほど、相手の名刺が厚紙でかっこいいデザインなのです。その日は数人と打ち合わせだったのですが、1枚名刺を交換するごとに「10ダメージ」を食らい、3枚ほど交換した時には、顔面ドクロ状態になっていました。

ただでさえひとりで相手に立ち向かわないといけないフリーランス。**序盤からダメージを食らっては、もし「ギャラなしでいいですか？」なんて謎の交渉をされても「あ、はい」と応えてしまうかもしれません。**

挨拶でしっかりした名刺をわたすことで、臆することなく、交渉や打ち合わせに立ち向かえるのです。現在僕は絶賛名刺製作中です。

POINT

名刺は自分の顔と思ってしっかり作ろう

「フリーランス」あるある

6

ギャラ交渉が苦手

フリーランスがぶち当たる最大の壁はギャラ交渉です。

会社を辞めて独立した当時、「イラストレーターになるには？」みたいな本を読みあさってみたり、インターネットでワンカットのイラストがいくらなのかを調べたりしていました。

なんせ学生時代は「描いて」と言われればタダで描いていたイラストです。急に自分で値段をつけるのは本当に難しく、「1カット1000円くらいかな？」なんて受けた仕事でも、1カット描くのに5時間くらいかかり、時給200円の仕事になんてこともありました。

このままでは確実に食べていけないと実感し、自分なりのギャラ表を作ることにしました。

このくらいの作業料だったら、◯◯円などあらかじめ決めておくことで、もし恐ろしく低い金額を提示されても、その表を確認することで瞬時に「それはちょっと検討させてください」と言えるようになります。

すると究極に低い時給で働くことがなくなり、気分よくイラスト制作を行うことができるのです。

もし自分が設定しているよりも安い金額なのに、断りきれず「はい」と返事してしまうと、途中で「ギャラ上げてください」とは言えない状況に追いやられてしまいます。

また、納得のいかないギャラで制作するイラストはどこか手抜きになってしまい、自分の評価も下げてしまう恐れがあります。

ただしギャラが安いからやらない、というのも時には間違っていたりします。 なぜならその仕事に「やりがい」や「将来性」がある場合は受けたほうがいいからです。

ギャラが自分の設定している水準より低くてもやりたいと思える、またその仕事をすることで未来の自分にとっていいと判断した場合は、迷わず挑戦しましょう。

僕は未だにギャラ交渉は苦手ですが、やりがいと自作の表を定期的に確認することで最近やっと、交渉の基準ができてきたような気がしています。

POINT

自分なりの「ギャラ表」と「割引でも挑戦してみたい仕事」を明確にしよう

おわりに

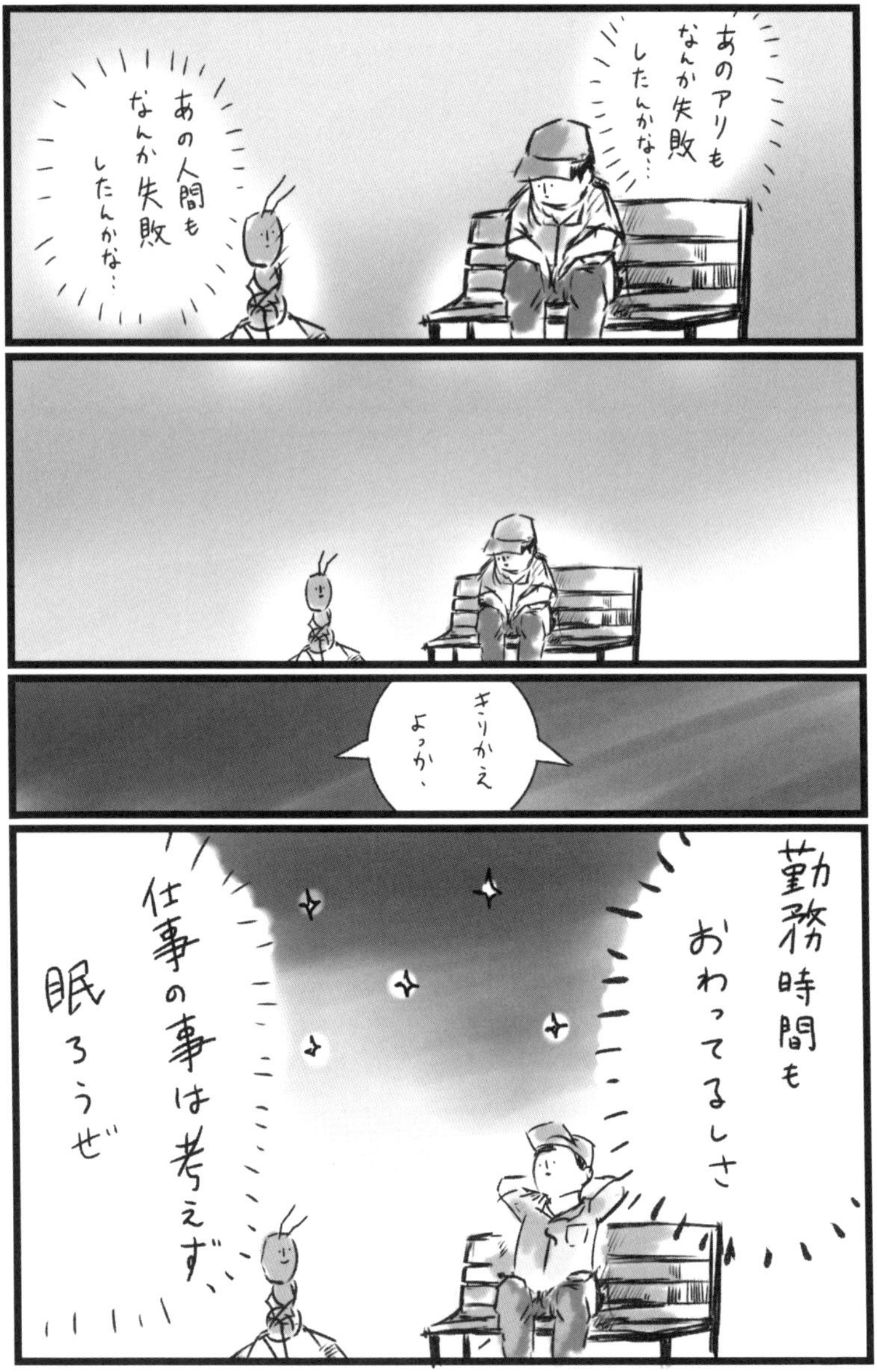
あのアリも なんか失敗 したんかな…
あの人間も なんか失敗 したんかな…
きりかえ よっか、
勤務時間も おわってるしさ
仕事の事は考えず、
眠ろうぜ

【著者紹介】
じゅえき太郎（じゅえき　たろう）
1988年東京都生まれ。イラストレーター、画家、漫画家。第19回岡本太郎現代芸術賞入選。身近な虫をモチーフに様々な作品を制作している。SNS総フォロワー数は約30万人。著書に『ゆるふわ昆虫図鑑――気持ちがゆる〜くなる虫ライフ』（宝島社）、『昆虫戯画　びっくり雑学事典』（丸山宗利氏共著／大泉書店）、『ゆるふわ昆虫図鑑　ボクらはゆるく生きている』『すごい虫ずかん――ぞうきばやしをのぞいたら』（ともにKADOKAWA）など多数。

正直、仕事のこと考えると憂鬱すぎて眠れない。
リアルすぎる！仕事の悩みあるある図鑑

2019年10月3日発行

著　者――じゅえき太郎
発行者――駒橋憲一
発行所――東洋経済新報社
〒103-8345　東京都中央区日本橋本石町 1-2-1
電話＝東洋経済コールセンター　03(5605)7021
https://toyokeizai.net/

ブックデザイン…………坂川朱音［朱猫堂］
ＤＴＰ………………アイランドコレクション
印刷・製本……………廣済堂
編集担当……………若林千秋

ISBN 978-4-492-22392-5